고마웠어,
111병동

고마웠어,
111병동

박윤진 간병기

어 느 날

[차례]

프롤로그 — 7
엄마가 쓰러졌어. — 8

2인실에서 — 17
침대 밑 간이침대 — 18
석션과 콧줄 — 22
교수님의 자판기 커피 — 26
하루에 스무 번 — 30
상속자들과 시크릿 — 36
엄마의 글씨 — 40
엄마 목욕시키기 나 목욕하기 — 47
옆자리 이웃과 옆방 친척 — 54
삼촌과 호텔 조식 — 64
우리 방 손님 재활치료사 — 70
처음 휠체어에 앉았어. — 75

5인실에서　　　　　　　　　　81

옮기길 잘했네.　　　　　　　　82
요플레 연습　　　　　　　　　91
양화대교　　　　　　　　　　97
종달새와 훌쩍이　　　　　　103
재활병동 사람들　　　　　　113
신부님을 모셔다오.　　　　　123
컬투쇼와 출발　　　　　　　127
밥 반 공기, 계란국 한 대접　133
권사님의 김치찌개　　　　　137
이동반과 변신하는 간병인　142
미안한 커튼　　　　　　　　147
이상진 어르신 댁　　　　　　152
전기치료실의 여배우　　　　159
엄마의 새 간병인　　　　　　163
예비 신부　　　　　　　　　170
토리버치 신발　　　　　　　173
간병이 위너　　　　　　　　177

신촌시 세브란스구 111병동	183
어깨탈구와 낙상 그리고 경기	188
교수님의 아버지	195
엄마, 밖에 눈 좀 봐.	199
백마 탄 왕자	203
문성아버님의 성경책	207
고마웠어, 111병동	210

에필로그 — 215

엄마로부터	216

프롤로그

엄마가 쓰러졌어.

 나는 출근을 해서 회사였고, 아빠에게 전화가 왔다. 탕비실 정수기를 뚫어지게 쳐다보며 아빠가 하는 말들을 제정신으로 이해하려 애썼다. 아빠는 지금 와도 엄마를 볼 수 없으니, 바로 올 필요 없다고 했다. 그렇다고 일을 하고 있을 수도 없었다. 내가 퇴근하고 갔는지 중간에 나왔는지는 기억나지 않는다.

 병원에 도착하니 먼저 와 있던 이모가 나를 중환자실 안의 엄마를 보게 해주려 간호 선생님께 사정했던 기억은 난다. 정해진 면회 시간 외에는 볼 수 없다는데 엄마를 보게 해 주려고 왜 이렇게까지 하나 조바심 내는 이모의 모습이 나를 더 불안하게 했다.

"엄마 괜찮아, 딸." 중환자실의 엄마는 최대한 차분한 말투로 내게 먼저 말을 걸었다. 괜찮다고 말하는 엄마 앞에서 울 수도, 안 괜찮아 보인다고 말할 수도 없었다. 뇌에 출혈이 있지만 피딱지로 가려져 출혈 부위를 찾을 수 없다고 했다. 당장 조영술을 실시하기엔 추가 출혈의 위험이 있었다. 피가 마를 때까지 일주일을 기다려야 하는 게 우리의 상황이었다. 지금이라면 "엄마 걱정하지 말고 마음 편하게 있어. 우리가 어떤지 상황 보고 알아서 해줄 테니까."하고 말해주었을 것이다. 하지만 제대로 크지 못한 32살의 나는 엄마에게 걱정 가득한 얼굴만을 보여주고 나왔다.

일주일을 정말 기다리고 있는 게 맞는지 우리 가족은 이렇게 아무것도 하지 않고는 있을 수 없었다. 그래서 우리는 세브란스 병원으로 전원을 했다. 각종 서류를 떼고 앰뷸런스를 불러 타고 옮겨 오는 과정은 쉽지 않았다. 그러나 우린 같은 답을 들어야 했다. 이제는 정말 기다려야만 했다. 다행인 것은 옮겨온 병원의 친절한 간호 선생님을 포함한 중환자실 안의 모든 시스템이 엄마를 안도하게 했고, 엄마의 말에 우리도 조금은 안심하며 일주일을 기다릴 수 있었다.

그렇게 일주일 후, 엄마는 수술을 했다.

13시간 동안 엄마는 어려운 수술을 버티고 있었다. 우리는 중간에 식사도 했고, 자판기 음료도 마셨으며 대화도 했다. 온갖 신에게 기도도 하고, 전광판으로 보이는 엄마 이름과 수술 시간을 하염없이 바라보았다.

선생님과 면담할 때면 녹음기를 켜야만 했다. 아득해지는 것 같았다. 끄덕였지만 내가 무얼 끄덕이는지 몰랐다. 알아듣고 있냐는 눈썹에 고개 저을 수 없었다.

깨어난 엄마의 모습을 보았을 때, 아득해지다

못해 휘청하는 아빠를 보았다. 수술 후 엄마를 사정없이 치며 "이름이 뭐예요? 이름이 뭐예요?" 마취에서 깨우던 주치의 선생님. 왜 저렇게 사정없이 저러나 싶은 생각이 들기도 전. 엄마는 "주정숙! 주정숙!"하고 터지듯 이름을 외쳤다. 그 순간 안도감, 의문, 안쓰러움. 내게도 너무 여러 가지 감정이 한꺼번에 터졌다. 엄마가 주정숙이라고 외치며 자기를 깨어냈듯 우리 가족 각자 정신을 깨우며 다잡아야 했다. 그리고 우리 셋은 처음으로 손을 모아 서로를 잡아주었다. 오빠의 손을 내가 잡았을 때 오빠는 조금 놀라는 듯했지만, 가만히 있었다. 괜찮아, 우리 엄마 괜찮을 거야. 서로에게 손으로 말했던 것 같다.

며칠 후, 엄마는 뇌부종으로 감압술을 받아야 했다. 추석 명절 연휴였고, 병원은 조용했다. 수술실 앞에는 우리 가족만 있었다. 세상은 명절이었으나, 우리 가족은 수술 중이었다. 그때 어둡고 차갑고 외로운 그 상황에 수술이 왠지 더욱 길게 느껴졌다. 명절에 수술도 하셨는데 연휴 내내 병원에 계시며 엄마를 지켜봐주시겠다고 말씀하시는 주치의 선생님께 무릎 꿇어 인사하고 싶을 정도였다. 이번 수술은 뇌의 일부를 덜어내야 하는 수술이며 수술 후 수면 상태로 뇌를 쉬게 해야 한다고 했다. 수면 상태가 얼마나 지속 될지는 수술 후 알 일이었고, 엄마는 그렇게 꼬박 43일을 자고 깨어났다.

그 43일 동안 하루에 두 번씩 있는 면회 시간에 우리는 엄마에게 열심히 말을 걸었다. 고맙다고 했고, 함께 면회 온 사람들을 말해주었다. 나는 사랑한다고 말해주는 일은 어려웠다. 매번 사랑한다 말하고 나가는 오빠처럼 나는 그 말이 왜 안 나오는지 몰랐다. 수술 잘 버텨줘서 고맙다, 이따 오겠다, 내일 보자, 이런 말밖에 안 나왔다.

어릴 때부터 엄마에게 살가웠던 오빠, 독하디독한 나. 우린 아들과 딸이 바뀐 듯 그랬다. 엄마에게 혼나거나 싸우고 나면 학교에 가서 엄마에게 전화 걸어 "미안해. 잘못했어요. 화 풀어 엄마." 하며 애교부리는 오빠와 달리, 입을 꾹 다물고 몇 날 며칠을 독하게 버티는 나였다. 엄마의 매에도 눈 하나 깜짝 안 하고 그 자리에서 다 맞고 앉아서 엄마의 화를 더 키우던 딸이었다. 엄마는 친구와의 통화에서 가끔 그런 나를 독한 기집애라고 말했었다. 그 독한 기집애는 오전 면회 후 집에 가지 않고 중환자실 휴게실에서 꼬박 다음 면회를 기다렸을지라도 사랑한다는 말은 끝내 하지 않았다. "내가 밖에서 엄마 지키고 있으니까 걱정 말고 푹 자고 있어." 내게 의무나 책임감은 사랑이라는 말과 동음이의어다.

결국 나는 회사를 그만두고 마음 편히 엄마를 간병하기로 했다. 엄마에게만 온전히 내 의무와 책임을 다 할 수 있었던 그때가 지금 생각하니 참으로 감사하다. 그 시기가 지금이었다면 나는 아마 그러지 못했을 것이다. 왜 우리에게 그런 일이 일어났는지 모르겠지만 그래도 그 일이 그때 일어나서 어쩌면 다행일지도 모르겠다. 우리 네 가족은 똘똘 뭉쳐 그때 병원 생활을 슬기롭게 잘 해냈다.

돌아보면 감사한, 그때 우리 참 잘 했구나 싶은 기억이다. 물론 엄마는 지금 걷지 못한다. 누워서 소변을 받아야 하고, 누워있는 엄마를 일으켜 휠체어에 태워야 한다. 하지만 감사하게도 오른손을 쓸 수 있고, 말씀도 잘 하신다. 기억력은 더욱 좋아지셨고, 입맛도 좋아지셨다. TV를 보고, 라디오를 듣고, 맛있는 것을 드시고 싶어 하며, 우리가 결혼하는 모습도, 아이를 낳아 기르는 모습도 함께 보신다. 이제는 안 살고 싶다는 말씀도 안 하시고, 아이들 크는 모습에 활력 있어 하신다. 그때의 우리가 없었다면 우리는 이렇게 단단하지 못했을 것 같다. 평범한 지금이 얼마나 감사한지 몰랐을 것이다. 남들 걸어가는 곳을 휠체어를 타고 갈 뿐, 엄마와 함께 해 줄 누군가가 옆에 필요할 뿐. 지금 이만큼인 것만으로도 우리는 충분히 감사하다. 서로의 역할을 잘 해나가며 우린 그곳에서 잘 성장했다. 처음엔 그곳에서의 생활이 그렇게 길어질 거라 생각하지 못했다. 얼마가 걸릴지 모르지만 해야 했다.

그렇게 우리는 1년 7개월간 세브란스 병원 111병동에서 살았다. 엄마는 환자로, 나는 엄마의 보호자로. 병원이 집처럼 편해지는 건 그리 오래 걸리지 않았다.

2인실에서

침대 밑 간이침대

환자와 보호자는 이렇게 구분된다.

환자는 환자복을 입고, 침대에 누워있다. 보호자는 그 옆이 아니다. 그 아래쯤이다. 침대 밑에는 밤마다 꺼낼 수 있는 간이침대가 있다. 그 간이침대는 낮에는 반으로 접어 환자의 침대 밑으로 밀어 넣어져 있다. 어떤 간병인은 그 침대를 펼쳐 쟁반을 놓고 식사를 하기도 한다. 침대 옆 아래쪽 공간을 어떻게 활용할지는 간병인의 몫이다.

하지만 중환자실에서 2인실로 옮겨왔을 때 내게는 그런 공간이 없었다. 우리는 전문 간병인을 두었고, 나는 우선 그분께 간병하는 법을 배워야 했다. 몇 달을 그 간병인 아주머니와 보내며 침대 옆 아래 자리는 그분께 내드려야 했다. 처음엔 그분은 나를 몹시 경계했다. 언제고 자기 대신 간병을 하려고 하는 보호자. 혹은 자신을 감시하는 귀찮은 보호자였을 것이다. 하지만 나는 계속해서 그분과 한편임을, 고단한 일을 조금은 덜어 줄지도 모를 사수 옆 조교 같아 보이려 노력했다. 함께 지내는 동안 나는 진심이었다. 그분이 전문가임을 금방 알 수 있었고, 진심으로 그 기술을 지켜보며 잘 배우고 싶었다.

앉아서 자보았는가? 얼마나 자보았는가? 주문한 라꾸라꾸가 오지 않아, 나는 3일 밤을 앉아서 자야만 했다. 병실 밖 휴게실에 나가서 자라는 간병인 아주머니의 말을 끝내 듣지 않았다. 나는 엄마 옆에서 간병인 아주머니가 밤새 석션은 잘하시나. 어떻게 하시나. 살펴야 했다. 엄마 옆에서 엄마를 지키는 게 내 일이었다. 맞다. '이분이 잠들어 석션을 못하면 어떻게 하는가, 내가 교대하면 더 좋지 않나, 나도 연습을 해야 늘지 않느냐, 나는 앉아서 자도 괜찮다.' 그런 내 독한 기집애 본능에 아주머니도 손을 드셨다. 그 뒤로 내게 많은 것들을 알려주시며 내가 본격적으로 엄마 간병인이 될 준비를 함께 해주셨다. 그때 몇 달간 그 이모님과 지내며 혼자였다면 겁났을 엄마의 간병이 참 든든했다. 긴 간병을 예상한다면 우리처럼 전문 간병인에게 배우는 시간을 갖는 것도 좋을 것이다. 그때 나의 독함의 본능이 제대로 제때 발동하지 않았나 싶어 그 또한 감사할 일이다.

그렇게 내 라꾸라꾸는 엄마 침대 발아래 쪽에라도 놓일 수 있었다. 귀하디귀한 우리 엄마는 우측 아래에 간병인 아주머니의 간이침대, 발아래에 예비 간병인 딸의 간이침대에 둘러싸여 밤을 보냈다. 2인실이기에 가능했던 두 간이침대였다. 그걸 허락해 주셨던 간호 선생님께도 감사할 일이다. 이모님과 나는 교대로 일어나 석션을 했고, 누가 더 잠귀가 밝아 걸걸해진 엄마의 가래소리를 듣고 깨는지는 그때그때 달랐다.

석션과 콧줄

 중환자를 구분하는 기준이 정확히 어떤 것인지 모르지만 나는 이렇게 묻는다. 기도 삽관을 하였나, 안 하였나. 기관지 절개와 기도 삽관은 긴 병원 생활을 의미한다. 환자에 따라 기도 삽관을 할지 안 할지 보호자에게 의견을 구하기도 하지만, 우리의 경우는 간단한 동의 여부만 있을 뿐, 당연히 해야 하는 상황이었다. 처음엔 그것이 무엇을 의미하는 것인지 잘 몰랐다. 엄마의 목소리를 당분간은 들을 수 없었고, 입으로 음식을 먹을 수 없었고, 코에 줄을 넣어 그리로 경관 유동식을 넣는 것이 식사가 되는 것이었다. 목구멍이 뚫리고 한쪽 코가 막힌 엄마의 모습을 보니 우리도 기가 막힐 노릇이었다.

이제 침을 혼자 삼킬 수 없으니 그게 모여 걸걸해질 즈음 한 번씩 석션을 해줘야 한다. 숨소리를 들으면 대충 아 이제 한번 가래를 빼줘야 엄마가 숨쉬기 편하겠구나를 알 수 있다. 이것이 내게 주어진 가장 큰 과제였다. 목구멍에 석션기를 넣고 가래를 빨아들이라니. 다시 설명하자면 석션기는 입을 벌려 목으로 넣는 것이 아니라, 이미 목 한가운데에 뚫어놓은 구멍으로 넣는 것이다. 그리고 목을 뚫고 넣은 그 플라스틱 관 안으로 깊게 가는 호스를 넣어야 하는 작업이다. 넣기만 하면 되는가, 적당한 힘과 감각으로 기관지에 고인 침과 가래를 빨아들여야 한단 말이다. 와, 과학 실험실에서 스포이트만 몇 번 빨아들여 본 내가 엄마 목에, 그것도 눈을 번쩍 뜨고 보고 있는 엄마의 목에다 그걸 어찌할 수 있었겠는가. 아빠와 오빠는 아예 시도조차 하지 못한 그 작업을, 나는 무슨 용기로 하겠다 자처했는지 모르겠다. 그땐 내가 해야 할 것 같았다. 내가 해야만 했다. 중환자실에서 간호사님께 몇 번 배웠지만 병실에 와서는 더 겁이나 간병사님 없었으면 어땠을지 모르겠다. 아마도 밤새 간호사님을 병실로 불렀어야 했을 것이고, 미안해 내가 했었어도 제대로 못 했을 것이다. 나는 엄마의 석션을 그래서 제대로 못 했었던 것 같다.

중환자실에서 갑자기 일반 병실로 옮겨져 1인실에서 하룻밤을 나와 함께 보내고 그다음 날, 엄마는 굳어진 가래가 플라스틱 구멍을 막아 콧줄 식사 시 숨을 쉬지 못해 온몸이 파랗게 변했고, 다시 중환자실로 옮겨졌다. 내가 잠깐 회사에 짐을 빼고 마지막 인사를 하는 동안이었고, 그 광경을 오빠가 보아야 했다. 식사 전에 석션을 제대로 못 했던 게 문제였을까. 나는 아무래도 지난밤 내가 제대로 석션하지 못해 생긴 문제였을 것만 같아 무서웠다. 다시 중환자실에서 나오자마자 바로 우리가 아닌 전문 간병사 아주머니를 모신 것도 그런 이유에서였다. 우리는 아직 준비가 되지 않았다. 엄마를 제대로 간병할 준비가.

  신중하게 해야 했고, 감각적으로 정확하게 해야 했다. 대충은 곧 엄마의 생명과 직결되었다. 소중하고 소중하게 다뤄야 할 엄마였다. 엄마는 아가였다. 몇 년 후 내 아이를 낳고 안았을 때 부서질까 소중하게 다뤘던 그때처럼, 엄마는 내 소중한 아가가 되었다.

교수님의 자판기 커피

 병원에는 환자와 보호자 그리고 소중한 의료진이 있다.

 우리의 주치의 선생님은 목소리가 크셨다. 그리고 신경질적 이시다가도 정스러우셨고, 투박하시다가도 섬세하셨다. 또 성격이 몹시 급하셨는데 늘 빨리 걸으셨고, 말씀도 짧고 명확하고 빠르게 전달하시며, 환자의 말을 끝까지 다 못 들으셨다. 하루에 얼마나 많은 환자를 접하고, 얼마나 많은 일을 처리하고, 머릿속은 얼마나 복잡하실지. 그분의 행동은 군더더기 없어야 했다. 나는 아침 회진 시간이면 최대한 그분의 눈에 거슬리는 항목이 없는지 미리 단정하게 맞이하듯 준비했고, 그분의 시간을 많이 빼앗지 않으려 질문을 최대한 간결하고 정확하게 했다. 묻는 대답에도 얼버무림 없어야 했다. 그래야 무안함이나 불호령이 없었다.

우리가 있는 11층은 가운데 엘리베이터를 두고 111병동과 112병동으로 나뉜다. 엘리베이터 양쪽으로 두 병동의 데스크가 있다. 111병동의 데스크에서 우리 주치의 선생님의 불호령을 자주 들을 수 있었다. 간호 선생님들은 익숙하신 모양이었지만 병실까지 들려오는 그 소리에 처음 듣는 우리는 흠칫 놀랐다. 그리고 가끔 그 불호령이 우리 병실에도, 옆 병실에도 그랬다. 111병동의 어딘가에서 우리 선생님의 목소리가 들리면 아 오늘 회진 시작이구나 했다. 큰 목소리, 빠른 발걸음, 사정없는 커튼 젖힘. 우리 선생님이 주시는 긴장감이 나는 좋았다. 하루를 시작하는 기분이 들게 했다. 매일을 준비하게 했고, 바로 잡게 했다. 공기의 흐름을 바꿔버리는 그의 등장은 퇴원할 때까지 감사했다.

 그렇게나 자주 회진 시간이 아님에도 들여다봐 주셨고, 꼼꼼하게 지적해 주셨고, 바로잡아 주셨다. 그 투박한 손으로 어떻게 수술을 할까 싶었고, 그 날 선 말투로 환자와 어떻게 대화하나 싶었지만 천상 의사이신 그분을 우린 매일 볼 수 있었다. 어느 환자나 간호사도 그분을 말할 때면 대단하고 존경할 만하여 함부로 하지 못하고, 그의 불호령은 애정이며 당연함임을 받아들일 수 있었다. 한참을 겪은 이들은 그분을 말할 때면 묘한 웃음기도 띠셨다. 의사 이전에 인간이기에 우리는 그분을 인간적으로 바라보기도 했다.

 언젠가 아빠가 목격한 장면이 있었다. 선생님이 자판기에서 커피를 뽑아 옆에 정수기 찬물을 커피물에 붓고 원샷을 하신다는 거였다. 그것도 여러 번이나 그렇게 보셨단다.

 선생님에게 여유 있는 커피가 있으실까.

 늘 그렇게 자판기에서 카페인을 목구멍에 부어

넣는 삶을 그는 얼마나 살았을까.

지금은 여유 있는 커피를 마실 수 있으실까.

우리를 지켜주러 오시는 선생님의 목소리와 발소리가 가끔 그립다.

하루에 스무 번

　뇌라는 놈은 신기해서 좌뇌와 우뇌로 나뉘어 좌뇌는 우측 운동을, 우뇌는 좌측 운동을 담당한다. 엄마는 어떤 알 수 없는 이유에서 우뇌 쪽 지주막하 혈관이 부풀어 출혈이 일어났고, 그 부위는 수술하기 어려운 부위였으나 어쨌든 혈관을 우회해 이어 붙이는 수술을 하였다. 수술 후 엄마는 좌측 편마비 환자가 되었다. 왼쪽 팔과 왼쪽 다리가 움직이지 않았다. 두 팔의 마비 혹은 두 다리의 마비, 우측 편마비, 좌측 편마비. 어느 것이 나을까. 물론 나은 것은 어느 것도 없지만 말이다.

걸을 수 없다는 것은 누워서 용변을 봐야 함을 의미했고, 엄마는 처음에는 소변줄로, 지금은 누워서 통에 소변을 누군가 받아 줘야한다. 누워서 소변을 보시는 게 익숙하셔서 집으로 온 지금도 변기보다 누워서 보시는 걸 편해하신다. 외출할 때는 기저귀를 차셔야 하며 휠체어에서 변기로 앉히기까지 숙련된 사람만이 가능한 일이다. 변기에 앉아 용변을 보시는 것은 한참 뒤의 일이었다. 대변 또한 누워서 보셔야 했고, 중환자실에서부터 계속 대변을 조금씩 자주 보신다고 하셨다.

천사 같은 중환자실 간호 선생님들은 어떠한 싫은 내색도 없이 몇 번이고 그 대변 본 기저귀를 갈고 밑을 닦아 주셨다. 43일을 지내는 동안 욕창도 나지 않고 깨끗하게 돌봐주신 분들께 우리는 몇 번이고 감사의 인사를 했다. 2인실에 온 엄마는 너무 자주 변을 보셨고, 엄마의 항문은 물티슈로 닦이고 닦여 빨갛게 진물이 났다. 연고를 바르고 말리고를 반복하기가 무섭게 어느 날은 스무 번도 넘게 보셨을 것이다. 그날의 신기록을 우리는 하루가 똥 치우다 끝났다고 말한다. 처음에 아빠는 그 일을 하지 못하셨다.

간병사님과 나, 그리고 오빠도 그 일을 할 수 있었다. 오빠가 엄마의 대변을 닦아 주는 일이 엄마한테는 어땠을까. 지금은 모두 아빠의 몫이 될 거라는 걸 알았을까. 아니면 아빠에게는 시킬 수 없었을까. 오빠도 할 수 있는 일을 말이다. 그때는 차마 아빠에게는 그 일을 하게 할 수 없었고, 우리가 해야 한다 생각했다.

부부가 결혼을 하여 살면 서로의 볼꼴 못 볼꼴을 다 볼 수 있다. 나는 출산 후 조리원에서 첫 대변을 보기까지 너무 힘들어 관장을 했다. 그것을 남편이 해주었다. 부끄럽지만 그것이 부부였다. 이제 나의 엄마가 아니라, 나 대신 해줄 수 있는 사람은 남편뿐이었다. 엄마에게도 아빠가 그런 존재였을 텐데. 엄마의 여성성을 아빠로부터 지켜주고 싶었던 것인지, 엄마가 해주는 대로 그림 같이 살았던 아빠를 엄마가 그랬듯 그림처럼 보전해 주고 싶었던 것인지, 헷갈린다. 지금은 엄마가 그림처럼 살고 계신다. 모든 것은 아빠가 엄마 대신 해주고 계시며 엄마가 말로 하는 일은 아빠에 의해 실행된다. 인생은 참으로 오래 살고 볼 일이다. 그리고 어떻게 잘 살고 쌓아 놓았는가가 미래를 말해준다. 엄마, 아빠의 그림 같은 삶이 엄마의 수술 이전과 이후가 뒤바뀌지 않고 적당히 섞였더라면 좋았겠다.

훗날 2인실에서 5인실로 옮겨오며 또 내가 외출할 일들이 생겨나면서 결국 그 일들을 아빠도 할 수 있게 되었다. 할 수밖에 없었다. 우리는 이제 엄마의 대변과 소변이 아기들 것처럼 당연하다 생각했다. 주 양육자는 나이지만 돌봄을 할 수 있는 사람은 셋이 되었다.

스무 번이 넘게 대변을 보신 날, 진이 빠진 우리 가족들을 지켜보던 담당 간호 선생님은 아무래도 안 되겠다며 장 엑스레이 사진을 찍어보도록 주치의 선생님께 건의하셨다. 은인 같은 분. 사진을 보니 장에 변이 가득 차 있었다. 그것이 조금씩 스무 번의 원인이었다. 밀고 나오지 못해 조금씩 그러시는 거라며 찍어보지 않았다면 삼십 번도 넘었을 일이다. 결국 관장으로 단단한 변을 빼내며 정상적인 배출을 할 수 있게 되었고, 우리는 그렇게 한 고비를 또 넘길 수 있었다. 원인도 밝혀 주시고 관장도 직접 해주셨던 그 간호 선생님은 그때부터 우리에게 똑똑이 민지샘으로 불렸다.

병원에서 오래 누워 있는 환자들은 가장 경계해야 할 것이 바로 변비이다.

점점 회복되고 엄마가 휠체어를 타고 변기에 앉을 수 있고 움직인다 하여도, 서서 걷는 사람들 보다는 장운동이 원활할 수가 없다. 모든 환자가 그럴 것이다. 그만큼 움직이지 못하면서 원활하게 정상 궤도로 장이 움직이게 할 수 있는 온갖 방법이 동원된다. 환자가 아니라 간병인이 바빠질 차례다. 배 마사지, 유산균, 고구마, 건자두, 푸룬주

스, 키위, 관장 등. 아무튼 할 수 있는 건 다 해보고 먹을 수 있는 건 다 찾아 먹여 본다. 네이버 <뇌질환 환자모임> 카페에서 참 많은 정보를 얻고, 위안도 받았다.

 우리는 엄마에게 해 줄 수 있는 전부를 했다. 엄마는 그래서 열심히 움직이지 않았다. 우리가 다 알아서 해줘서. 혼자 독하게 맘을 먹게 해주질 못했다. 본인이 움직여야 모든 게 원활할 거라는 것을. 어쩌면 우리가 해줄 수 없다는 걸 알았더라면 지금처럼 자식들이 자기 가정 돌보느라 바빴더라면 엄마가 독하게 걸었을까. 그때라 다행이라고 했던 그 생각은 잘못 된 것일 수도 있겠다.

상속자들과 시크릿

 병원의 낮과 밤은 명확하다. 낮에는 사람들로 북적거리고, 밤 9시 소등 후에는 모두 조용하다. 환자들은 일찍 잠이 들고, 환자들을 지키는 간병인들은 환자의 아래에서 각자의 삶을 시작한다. 다음 날 아침까지 주어진 개인의 시간을 다들 어떻게 보내는지 사실 잘 모르겠다. 내 시간이 너무 소중해져 내 것에 여념이 없었던 것 같다. 엄마의 석션이 이루어지고 두 시간 정도는 잘 자는지 간간이 지켜보기만 하면 된다. 그 시간 동안 뇌출혈 환자 돌봄에 관한 정보를 검색하고, 친구와 카톡을 하거나 유튜브, 드라마를 보기도 했다. 입원 전에 보던 드라마는 내 병원 생활의 활력이었다. 그때 「상속자들」이라는 드라마가 유행했었고, 극중 인물 중 누군가 엄마와 같은 지주막하 뇌출혈로 쓰러져서 더 드라마에 몰입하게 됐다. 그 드라마를 보는 시간이 꿀 같았다. 시험 기간에 시험을 마치고 집에 와 라면을 끓여 먹으며 드라마를 보던 때의 기분과 같았다. 평일 밤 10시 드라마를 재방 시청으로 미루고 시험공부를 했었던 기특한 나였다. 남겨둔 드라마가 내게 주는 보상이었다. 그리고 그 보상은 다음 날 시험이 남아 있다면 더욱 필요한 것이었다. 나는 아직 계속 간병 중이었고, 잠시 내게 주어진 내 시간이 그렇게 느껴졌었다. 그때 본 드라마는 지금도 가끔 케이블 방송에서 방영될 때 병원 생각을 하게 한다. 그때의 공기, 온도, 냄새가 생각이 난다. 비록 한 쪽만 낀 이어폰이었지만 한마디 대사도 놓치지 않았던 것 같다. 집중도가 달라지는 순간이 그렇게 오는 것 같다.

낮에도 그런 순간은 가끔 찾아온다. 엄마가 잠이 들었다거나 손님이 오셔서 아빠가 쉬다 오라고 한다거나 그러면 30분씩 나가 휴게실에 앉아 책을 볼 수 있는 여유가 찾아온다. 병원 생활을 하면서 나는 몇 권의 책을 읽고, 가끔 일기도 썼다. 그때 내가 읽은 책 중 가장 기억에 남는 것은 『시크릿』이었다. 일기에도 『시크릿』을 읽고 우주의 기운으로 엄마가 좋아지길 바라던 내용을 남겼었다. 그때는 내게 종교가 없었기 때문에 아마도 무언가를 믿고 기운을 불어넣어 줄 만한 것이 필요했던 듯하다. 참으로 감사했던 책이다. 용기를 잃지 않고 엄마가 좋아지길, 내가 잘 해내길 바라고 또 바라며 엄마를 돌볼 수 있었다. 그리고 병원에서의 생활을 힘들지 않게 여기게 되었다. 당연하게 받아들이며 우주의 기운을 계속 불어넣었다.

책을 읽고, 일기를 썼던 그 행위는 옳았다. 내 마음이 흔들릴 때마다 결심하고 행할 수 있게 했던 원동력이었다. 그렇게 사람은 무슨 일이든, 어떤 상황에서든 자기 확신을 갖고 생활할 수 있다. 아빠에게도, 오빠에게도 그러한 원동력이 있었을 것이다. 우리 가족은 그때 그 일을 겪으며 한 단계 성장하는 법을 배워 나가고 있었다. 엄마는 어땠을까. 우리는 성장한다고 표현할 수 있는 그때가 엄마에게는 견디고 견딤의 시기였을 것이다. 어떻게 견디고 있었을지. 그 마음까지 다 헤아리지 못했던 나였다. 훗날 엄마는 신부님을 모셔 달라고 했고, 그렇게 엄마의 한계를 하느님께 의지하며 극복하고 싶으셨던 것이다. 때로는 그것이 맞다. 내게 그 원동력이 없을 때, 혼자 한계를 극복하기 힘들 때, 절대적 존재에 의지하는 마음은 건강하다. 건강했던 엄마의 정신에 감사하며, 그처럼 몸도 건강에 다가가는 길이었다는 생각을 한다.

엄마의 글씨

 좌측 편마비 환자는 오른손을 사용할 수 있다. 얼마나 감사한 일인가. 오른손잡이였던 엄마는 그 손으로 밥도 드시고, 세수도 양치도 하시고, 글도 쓰신다.
 물론 수술 후 기운을 한참 차리고 난 뒤였지만 오른손을 사용 할 수 있다는 것은 엄마에게는 답답함 중에서도 덜 답답한 부분이었을 것이다. 그리고 간병인의 입장에서도 큰 수고를 더는 일이었다. 아기를 낳아 길러보면 아이가 스스로 무언가를 할 때마다 얼마나 대견하던가. 오른손마저 마음대로 되지 않았다면 스스로 하는 일이 몇 개나 되셨을까. 다시 한번 감사할 일이다.

기관지 절개술을 하고, 기도 삽관을 한 사람들은 그 구멍을 막아야 말소리를 낼 수 있다. 엄마는 몇 달을 눈만 껌뻑이고 말소리를 내지 못하는 상태로 지내셨다. 중환자실에서 2인실로 오신 뒤, 두어 달 후부터는 손에 기운도 생겨 글씨를 써서 의사 표현을 할 수 있었다. 가만히 누워만 계시니 머릿속으로 얼마나 많은 생각을 하실까. 그것들을 말로 표현하지 못하시니 얼마나 답답하실까. 글로 할 수 있게 되었을 때 신기하고 대견한 마음마저 들었다.

엄마는 모임에서도 수다 1번으로 불리는 말도 재밌게 하시고 좋아하시는 분이셨다. 수다는 아니더라도 우리가 궁금해 하는 부분에 대답을 시원하게 해주고 싶은 마음이 얼마나 드실까 말이다. 그래서 종이와 펜으로 의사소통을 했다. 집안 살림을 우린 아무것도 아는 것이 없었다. 집에서 지내는 오빠와 아빠는 참았던 답답한 부분을 엄마의 글로 답변받으며 해소할 수 있었다. 엄마 친구들의 연락처를 적어두셨던 메모지를 드디어 집에서 챙겨왔고, 보고 싶고 생각나는 사람들의 연락처로 나는 전화를 했다. 그 메모지에 적힌 엄마의 글씨는 그리도 명확하고 예뻤는데 지금 기운이 없는 손가락에 엄마의 글씨는 속이 상했다. 내가 유추하며 읽는 글씨는 엄마를 답답하게 했을 것이다. 메모지에는 그리고 다른 것들도 적혀있었다. 각종 기념일, 엄마가 중요하게 생각하는 사람들, 엄마가 사람들을 얼마나 잘 챙기고 살았는지 그 메모지만으로도 알 수 있었다. 엄마는 늘 바빴다. 바쁘다는 말을 입에 달고 사셨고, 한시도 가만히 계시지 않았다. 지금 일과 일 사이에 쉼이 없는 나는 엄마의 유전자이다. 안 그래야지 해도 어느새 또 무언가를 하고 있다. 자신을 위한 일에는 바쁨이 있었을까. 그저 모든 집안일 후 혼자 갖는 커피 한잔의 시간이 자신을 위한 시간의 전부였다. 그때가 가장 좋다는 엄마의 삶이 소박하고도 또 지금 나의 삶과 닮아 있어 신기하다. 메모지에 적힌 엄마가 애썼던 엄마의 소중한 사람들 중 엄마를 소중하게 생각하는 사람은 얼마나 계실까. 사람의 관계는 알 수 없는 게 생물처럼 변한다. 지금의 관계가 유지될지 안 될지는 아무도 모른다. 나 혼자만 애써서 되는 것도 아니다. 지금 내 마음이 그러고 싶을 때, 상황이 될 때, 그때 하면 된다. 나중에 그 마음을 똑같이 받으려 하면 그것은 상처가 된다. 원망의 마음 없이 그저 약간의 서운함으로 끝날 수 있게 타인에게는 적당히 하면 된다. 엄마는 이제는 아셨을까. 애쓰지 않으시고, 타인 위주로 하지 않으시고, 지금 본인이 만족하는 방향으로 살고 계신다. 충분히 그러셔도 되고, 잘하고 계신다. 애쓰며 사는 내가 엄마의 젊은 시절과 닮아 있다면 조금 더 빨리 그것을 깨닫고 나에게 집중하는 삶의 궤도로 들어설 수 있으면 좋겠다.

부모는, 특히 엄마는 딸의 본보기다. 엄마처럼

살지 말아야지 하면서도 엄마처럼 산다. 엄마처럼 나를 돌보지 않다가 아프고 싶지는 않다. 다른 사람을 돌봄에 앞서 나를 돌봄이 있어야 한다. 메모지에 다른 사람의 것만 적을 것이 아니라 엄마가 좋아하는 것, 엄마가 바라는 행복이 적혀 있었으면 좋았을 것 같다. 버킷리스트가 없는 우리 부모들의 인생은 슬프다. 그저 여행만이 엄마의 즐거움. 지금 생각하면 그것은 엄마의 도피처였다. 현실을 잊을 수 있는 해방감이 엄마의 행복이었다. 아침에 화장하고 옷만 입으면 된다는 며칠의 삶이 엄마에게는 해방감이었다. 틈틈이 그렇게 살아도 된다. 애쓰지 않고 그래도 된다. 애썼다면 나에게 보상을 주어도 된다. 음반을 내고, 차를 바꾸고, 집을 새로 꾸미는 아빠처럼 작은 보상들을 나에게 지속적으로 주어야 인생이 해방감 필요 없는 삶이 될 것이다.

  엄마 친구분 중에 늘 운동을 가시고, 목욕탕에 와서 몸을 쉬시고, 집안일에 얽매이지 않고 편하게 룰루랄라 사시는 분이 있다. 그분에게도 그분만의 애환이 있으셨을 것이지만 그렇게 살지 못하는 엄마는 그분의 삶이 편해 보이셨는지 내게 저리 표현하셨다. 그분을 보며 가끔 내게 청소 매일하지 말라고 그럴 필요 없다고도 하셨다. 그러면서도 본인은 여전히 집안일, 다른 사람 일에 바쁘셨다. 요즘도 가끔 그분 카톡 프로필을 보면 친구분들과 멋지고 경치 좋은 카페에서 건강하게 즐기시는 삶을 살고 계신다. 팔자 좋은 사람은 따로 없다. 다 내 마음 편한 대로 산다. 나를 가두었다가 한 번에 주는 그 해방감을 우리는 어쩌면 보상처럼 달콤하게 느끼며 사는 삶을 택하고 있는게 아닌지. 최대한 건강을 해치지 않는 선에서 나는 아마 계속 애쓰며 살 것이다.

 엄마의 글씨가 슬픈 이유는 엄마가 결국 건강을 해치셨다는 것이고, 본인을 원망하실지, 타인을 원망하실지, 아니면 이제 원망도 없어지셨을지 모르겠지만 룰루랄라 지내시는 엄마 친구분을 볼 때면 더 마음이 그렇다. 세상에 좋은 것들을 엄마도 더 할 수 있게 해드리고 싶다. 내가 너무 애쓰지 않는 선에서 말이다.

엄마 목욕시키기 나 목욕하기

누군가를 돌본다는 일이 무엇일까.

엄마를 간병하는 일과 육아는 몹시 닮아 있었다. 먹이고, 재우고, 용변을 처리하고, 씻기고, 입히고, 반응에 응답해 주고 큰 맥락이 같다.

돌봄은 인간의 본능적인 부분과 맞닿아있다. 환자의 입장에서는 나를 온전히 맡겨야 하는 일이다. 엄마는 내가 엄마를 돌보는 것을 어떻게 받아들이고 있었을까.

중환자실에서 나오자마자는 갓난아기 때와 같이서 조심히 소중하게 다뤄줘야 한다.

콧줄로 식사를 드리기 전, 적절한 온도로 유동식을 데우고, 석션도 잊지 말고 해 두어야 전과 같은 위험한 상황이 발생하지 않는다. 침대 머리를 높여 상체를 조금 높게 조정한다. 콧줄에 튜브를 연결하고, 속도를 조절하며 천천히 원활하게 넘어가고 있나 식사 내내 지켜본다. 중간에 줄로 공기가 들어가지 않았는지 확인하며 엄마가 더부룩해지지 않도록 공기도 빼준다. 식사 후에는 연결 튜브와 유동식이 부어졌던 주머니도 소독해야 한다.

중환자실에서 43일을 주무셨고, 2인실로 나오셔서도 식사 시간 외에는 많은 시간을 주무셨다. 소변줄을 차고 계셔서 그 기록을 하고 비워주는 일만 한 번씩 하면 되었다. 대변도 기저귀에 보셨고, 무서웠던 스무 번의 고비를 넘기고부터는 용변을 처리해 주는 일도 할만했다.

씻기는 것은 어떤가. 중환자실에 있는 엄마를 하루에 두 번 면회할 때 나는 비닐에 수건을 하나 준비해 들어갔다. 처음에는 따뜻한 물로 빨아 들어가 엄마의 얼굴과 손, 발을 닦아 주었고, 얼마 뒤에는 그렇게 빤 수건을 비닐에 넣고 전자레인지에 살짝 돌려 들어갔다. 중환자실 면회실 근처 전기레인지 실에서 수건을 빨아 들어가던 나를 몇 차례 보신 선배 간병사분께서 알려준 팁이었다. 소독과 온도 유지에 훨씬 좋았다. 그분도 그렇게 해서 면회에 들어가셨다. 중환자실 면회 시간에 맞춰 가족 대신 들어가 환자를 살피고 나와 주시는 분이셨다. 장기간 중환자실에 계시는 환자에게는 가족들이 매일 면회를 오지 않는 모양이었다. 우리 엄마보다 오래 주무시는 그분의 가족을 나는 한 번도 보지 못했다. 그분은 깨어나 가족들을 만나셨을지 모르겠다. 스쳐 가는 인연이지만 사람의 인정으로 내게 팁을 주셨던 그 간병사님께 참으로 감사하다. 엄마를 위해 조금이라도 더 해주고 싶은 딸의 마음을 아셨던 것 같다. 장기 환자의 가족분들도 처음엔 본인들이 오셔서 닦아주셨을 것이고, 그 간절한 마음으로 대신 간병사님께 부탁도

하셨을 것이다. 그만큼만 주무시고 나와 주었던 엄마가 또 고맙다.

2인실로 나온 엄마를 그때와 같은 방식으로 씻겼을 것이라 생각한다면 오산이다. 누워있는 환자를 씻기는 것을 다들 어떻게 상상할까. 처음 내가 너무도 놀랐던 것처럼 다들 놀라실 것이다. 그래서 전문 간병사가 있는 법. 그분들은 말 그대로 전문가가 맞으셨다. 침대에 누워서 물로 목욕을 씻기신다. 머리까지 전부 감기신다. 모두 벗기고 비누칠하고, 때수건으로 싹싹 씻겨주신다. 나는 처음에 그게 가능할 것이라 생각하지 못했다. 그리고 처음에는 혼자 하시는 게 편하다 하시며 커튼을 쳐놓고 목욕을 시키셨다. 말끔해진 엄마를 보고, 나는 그분께 놀라움과 존경을 표했던 것 같다. 방수포와 신기한 샴푸가 있으면 무적이 될 수 있었다. 병원 지하에는 이런 신기하고도 편리한 물품을 파는 곳이 따로 있었다.

또 이 병원에는 좋은 시스템이 많아서 2주에 한

번 머리를 감겨주러 오는 서비스도 있었다. 우리도 운 좋게 누워서 머리를 감을 수 있었다.

나중에 휠체어를 타실 수 있게 되신 후로는 휠체어채로 목욕실에 들어가 목욕을 시켜드렸다. 물론 온 가족이 동원되었다. 2인실 바로 앞에 있는 목욕실은 우리 가족탕이 되었다. 매일 아침 제공되는 환자복과 시트를 목욕하는 날은 추가로 준비하고, 목욕실이 비는 타이밍에 재빨리 엄마를 데리고 들어간다. 우리는 합을 맞추어 엄마를 씻기고 옷을 입히고 병실로 데리고 들어간다. 공동간병이 빛을 발하는 시점이 목욕시키는 날이 아닌가 싶다.

하지만 그 이모님이 시켜주시던 목욕에 비할 바가 아니었다. 엄마의 뽀얘진 얼굴이 다 말해주었다. 너무 개운하셨을 것이고, 누워서 하는 그 편한 목욕을 아직도 못하고 계셔서 내게 안타까운 일 중 하나이다. 시원하게 목욕탕에 데려가 눕히고 때 밀어 드리고 싶다. 그래야 내 마음도 개운할 것 같다.

　병원에서 생활하는 사람은 환자만이 아니다. 간병인인 나도 목욕을 해야 한다.

　아침에 간단하게 세수하고 용변 보는 것은 방 안에 있는 화장실에서 하여도 되지만 목욕은 환자의 안전을 위해 공용 목욕실에서 해야 했다. 병동마다 2개씩 있는 목욕실은 굉장한 눈치 싸움의 장소였다. 환자가 시간을 허락해 줄 때, 스피드 있게 해야 하는 목욕이다. 엄마를 혼자 두고 가는 일이 불안하여 엄마를 봐줄 누군가 있을 때만 다녀올 수 있었다. 처음 함께 계셨던 간병인 이모님도 이 부분만큼은 내가 있어 편했을 것 같다. 그래도 어찌나 눈치껏 빠르게 씻고 오시는지 병원에서 지내신 내공이 느껴졌다. 이 초짜 간병인은 수건과 속옷을 들고 어디가 비었나 한참을 돌고 돌았던 기억이 난다. 어느 때는 옆 112병동의 목욕실까지 진출하기도 했는데 그러다 112병동 수간호사 선생님께 한 소리를 들어야 했다. 다음 사람에 쫓기듯 목욕을 해야 했지만 그래도 하루의 피로를 풀 수 있었던, 그리고 내 집이 병원이 되었구나. 내가 진짜 이곳에서 생활하고 있음을 느끼게 해주었던 목욕실이다.

옆자리 이웃과 옆방 친척

2인실에 우리는 문 앞자리였고, 안쪽 창가 자리 환자가 우리의 이웃이었다. 이웃은 참 자주 바뀌었고, 회복하고 나가거나 5인실로 옮겨가거나 둘 중 하나였다. 6개월 정도 장기간 2인실에서 지냈던 우리는 다양한 이웃을 만날 수 있었다. 우리보다 중환자는 없어 보였고, 다들 우리를 가엾게 여기거나 나를 대견하게 여기는 이웃들이었다. 그러면서도 우리 가족이 참 화목해 보인다며 부러워하는 이들도 있었고, 내가 봐도 가족애 없는 안타까운 환자분도 계셨다. 사람살이의 다양함을, 가족의 다양한 모습을 병원에서 많이 본 것 같다.

엄마와 같은 연배의 어르신이 수술이 아닌 시술을 하고 2인실에 회복을 하러 오셨다. 그분은 남편분의 직장 건강검진에서 뇌동맥 꽈리가 부풀어 오른 것을 발견했고, 몇 달의 경과 관찰 끝에 터지기 전에 시술을 하셨다고 했다.

우린 엄마의 혈관이 언제부터 부풀었는지, 그 동맥 꽈리가 터질지 전혀 알지 못했다. 수영장에 갈 때마다 머리가 아프다던 엄마셨다. 평생 운동이라고는 안 하시고 온갖 일만 하시던 엄마에게 수영장이 낯설어서 일 거라며 나는 그 말을 무심히 넘겨버렸다. 결국 수영장에 다닌 지 한 달 만에 그 꽈리는 터졌다. 압력차로 인해 가끔 그렇게 수영장에서 쓰러지시는 분들이 있다고 훗날 들을 수 있었다.

혈압도 어떤 지병도 없던 엄마였기에 나는 위암으로 돌아가신 외할아버지를 보고 엄마 위만 조심시키면 될 것이라고 생각했다. 그런데 뇌라니. 엄마는 한 번도 뇌혈관 검진을 해보신 적이 없다. 어떤 회사 건강검진엔 뇌 MRA가 기본으로 포함되어 있다고 하니, 그때 어린 마음에는 우리가 기본 검진에 위내시경만 추가해 받았던 미개한 집이었다는 게 화가 났다. 좋은 회사에 다니지 못한 것은 자격지심, 원망의 마음을 가지자니 나락으로 떨어졌다. 옆자리 그분의 남편은 위너였고, 우리 가족은 루저 같았다.

왜 그러려면 그럴 일. 검진을 받았어도 검진과 검진 사이에 벌어질 수 있는 일이다. 그분이 운이 좋으신 케이스였다 생각을 바꿨다. 그리고 나는 이제 1년에 한 번씩 꼬박꼬박 뇌 MRA와 MRI를 찍는다. 나는 운이 좋은 사람인지 아닌지 살아보면 알 것이다. 할아버지와 엄마로부터 내려온 병력은 내게도 위축성 위염으로 이어졌고, 혈관이라는 놈도 유전적이어서 뇌혈관이 얇은 엄마처럼 나 또한 그렇다. 친가 쪽으로부터 받은 심장 벌렁거림 또한 내가 안고 살아가야 할 놈이겠다.

엄마는 우리에게 굳이 본보기일 필요 없는 본보기를 보여주었다. 보험도 더 들고, 건강검진도 열심히 해야 한다는 본보기. 무엇보다 내가 나를 잘 돌봐야 한다는 본보기를 보여주셨지만 보고도 못하는 나는 참 답답이다.

2인실의 또 다른 이웃 중에 가장 생각나는 분은 환자분 보다 그 간병인 남편분이시다. 아빠 연배의 그 분은 안타깝게도 딸이 없으셨고, 직접 간병을 하셔야 했다. 둘 있다는 아들 중에 첫째 아들에 대한 기억은 없고, 아빠와 교대를 위해 둘째 아들이 한 번씩 병실에 와 있곤 했다.

그 엄마와 아들의 관계는 우리 집과 달라서 살가운 우리 오빠와 달리 그 아들은 애정 있게 표현하는 법이 없었다. 엄마, 아빠와 데면데면한 채로 그냥 자리만 지키다 가는 아들이었다. 그렇다고 그 자리를 잘 지키는 것도 아니다. 가끔 담배를 피우러 가서 한참 있다 돌아오는 바람에 급하게 석션을 해줘야 할 때를 놓쳐, 간호사분을 내가 불러야 하는 경우도 몇 번 있었다. 본인의 엄마, 아빠에게는 잘 안 걸던 말을 나에게는 자꾸 걸며 귀찮게 했고, 놀랍게도 우리가 같은 동네라는 것을 알게 되었을 때, 반갑기는커녕 오히려 싫었다. 담배 냄새가 2인실에 진동하는 것 같아서 난 늘 퉁명스럽게 대꾸했다. 엄마마저 잠든 밤이면 그분이 말 걸까 봐 이어폰을 끼고 잠든 듯이 그랬다. 몇 번의 말에 대답이 없으면 또 담배를 피우러 나가버렸다.

그에 반해 아저씨는 참 부지런하셨고, 나를 대견해 하셨고, 점심시간과 퇴근 후 찾아오는 우리 가족들을 부러워하셨다. 언젠가 우리 아빠에게 가족들이 참 엄마를 생각하고 잘 한다며 자식들을 잘 키우셨더라고 본인의 아들들은 이기적이라 자기들만 생각한다고. 엄마, 아빠 고맙고 귀한 줄 모른다고 서러워 하소연 하셨다 하신다.

먼저 5인실로 옮겨 가신 아저씨네는 부러운 우리 꼴도 덜 보게 되셨고, 오히려 더 기운이 나 아줌마를 휠체어에 태웠다며 좋아하시는 모습을 복도에서 보여주셨다. 언젠가 퇴원 후, 나는 우리 동네 시장에서 아저씨를 지나치듯 뵈었다. 아주머니는 어떠신지 여쭙지 못했지만 부지런히 발걸음을 옮기시던 아저씨의 모습이 여전히 건강해 보이셔서 다행이었다.

가족 간병인들에게 주어진 상황은 모두 다를 것이다. 나는 2인실에 몇 달 전문 간병사분도 계셨고, 혼자 간병할 때도 매일 한두 번씩 교대해 주던 가족도 있었다. 무엇보다 내 눈에 너무 이쁜 엄마가 내가 돌볼 환자였다. 그때 그 상황이 너무 감사하다. 어떤 상황이 주어졌어도 그 상황에 자기 역할을 열심히 해내던 가족 간병인들은 참으로 인정받을 만하다.

중환자실에서 처음 일반 병실로 나오면 바로 5인실에 자리가 나는 경우는 거의 없다. 1인실이나 2인실로 배정받고 지내며 5인실의 대기를 걸어둔다. 그러다 자리가 나면 옮겨간다. 기왕 오래 기다린 김에 창가 자리 등 특히 원하는 위치가 날 때까지 기다렸다 옮겨가는 이웃도 있었다. 또는 타 병원으로 옮겨 가거나 퇴원해 집으로 돌아간다. 퇴원하는 환자들은 우리가 같이 쓰던 냉장고에 남아 있던 과일이며 음료 등을 주고 간다. 대체로 그랬다. 빠른 회복을 기원하는 멘트들도 함께였다. 집으로 우리는 언제 갈 수 있을까. 까마득하여 부럽지도 않았다. 다시는 이런 이웃으로 만나지 않길 서로 바랐다.

같은 방을 쓰는 여러 이웃이 있었다면 옆방에 이웃보다 가까운 친척이 있었다.

아빠의 친구분이 뇌출혈로 수술하러 오신 것이다. 아저씨는 엄마가 이 병원에서 수술하시고 중환자실에 계시는 것을 알고는 무조건 이 병원으로 구급차를 타고 오셨다. 면회 시간을 기다리던 아빠가 전화를 받고 우리가 혹시 도움이 될까 하여 함께 응급실로 내려가 보았다. 아저씨의 아들은 중환자실에 자리가 없어 환자를 받을 수 없다는 간호사에게 사정하고 있었다. 병원이 환자를 수용

할 수 없는 상태, 제일 무서운 상황이었다. 다른 병원으로 가라는 말은 이제 막 병원으로 실려와 안도하고 있는 환자와 보호자에게 날벼락 같은 일이다. 원망과 화가 날 만도 할 일이지만, 이미 온 이 병원에서 치료받아야 함을 이성적으로 판단하기에 성격은 누르고 눌러, 사정사정할 수밖에 없다.

시스템이니 어쩔 도리가 없었다. 중환자실의 환자 중 누가 더 중한지가 아니라, 중환자가 일반 병실로 옮겨질 수 있어야 그때 서야 그 자리에 새로운 중환자가 들어갈 수 있다.

사정이 통했다기보다 운이 너무 좋으셨던 아저씨는 다행히 몇 시간을 기다린 뒤, 중환자실에 빈 자리로 들어가실 수 있었다. 아저씨는 다행히 수술이 아닌 시술을 하셨고, 바로 깨어난 모습으로 중환자실에서 뵐 수 있었다.

어릴 때 여행도 같이 가고 그랬다는데 나는 아줌마, 아저씨 얼굴은 생각나도 그 아들들의 얼굴은 기억나지 않았다. 어쨌든 두 가족은 면회 시간을 함께 기다리기도 하고, 아빠는 중환자실에 들어가 엄마와 친구를 동시에 만나고 오시는 특별한 경험을 하게 되셨다. 그리고 비슷한 시기에 일반 병실로 옮겨져 왔다. 우리가 약간 더 빨리 왔던 것 같다. 그렇게 옆방에 친척 같은 아저씨네가 왔다.

간병은 아줌마가 직접 하셨는데 남자 병실에 계셨던 터라 아무래도 불편한 부분이 많으실 것도 같았다. 남자 환자를 여자 보호자가 간병하는 것, 여자 환자를 남자 보호자가 간병하는 것, 둘 다 애로사항이 많은 일이었다. 그래서 아줌마는 자주 여자 병실인 우리 방으로 마실을 오셨고, 필요한 것을 나눠 쓰기도 하고, 가끔 직접 만들어 오신 반찬을 내게 주기도 하셨다. 왠지 모르게 우리는 서로 든든했다. 아줌마도 먼저 내려와 이거저거 알려주었던 내가 고마우셨다고 했다.

아줌마네가 퇴원하실 때 그때는 마음이 좀 그랬던 것 같다. 형제는 없어도 사촌이 있어 든든했던 마음이 그마저도 사라지는 기분이었다. 퇴원 후에도 아저씨 외래로 오시는 날이면 반찬을 들고 오셨던 아줌마셨다. 걸어서 퇴원하시는 아저씨를 보며 우리도 힘을 냈다. 아줌마, 아저씨도 건강하시죠?

삼촌과 호텔 조식

 이번엔 진짜 친척, 우리 삼촌 이야기다. 내 결혼식에 한복 입고 오는 우리 이모와 삼촌, 엄마의 혈육. 엄마가 쓰러진 날 병원으로 나보다 빨리 와 있던 이모였고, 나와 함께 저녁 면회를 했던 삼촌이었다. 이모와 삼촌은 아직 어린, 무늬만 성인인 나를 대신하여 질문해 주고, 고민해 주며 우리 가족이 맞는 방향으로 가고 있는지 걱정해 주었다. 엄마의 긴 수술에도 함께 해 주며, 식사도 챙겨주고, 수술 후 지친 우리를 집으로 데려다주었다.

 우리는 오래 삼촌과 살았었다. 엄마는 서울에

서 할머니를 대신해 삼촌의 보호자로 함께 지냈다. 결혼하고도 아빠와 함께 삼촌도 살았다. 우리는 태어날 때부터 삼촌이 함께였던 것이다. 엄마와 나이 차이가 크게 난 만큼, 우리와는 그리 차이 나지 않아, 사실 생각보다 많이 났어도 동안이며 늘 새로움을 추구하는 삼촌과 우린 참 친했다. 특히 한방을 쓰던 오빠와는 더 그랬을 것이다. 오빠는 지금도 삼촌과 맞먹으면 맞먹을 것도 같다. 하지만 맞먹을 것 같지 않은, 항상 삼촌 편이었던 나를 삼촌은 더 이뻐했다. 키워준 은공 생각 못 한다며 오빠는 가끔 삼촌에게 화내기도 했다. 아빠에게 할 말 없는 엄마를 대신해서 욕해주는 것도 같았다. 엄마가 미안할 일인가. 삼촌이 감사해야 할 일이지. 아무리 아빠가 못 해주었어도 20년 넘게 함께 살았던 아빠와 삼촌이었다. 삼촌의 이야기를 들어봐야겠지만 아무튼 삼촌은 아빠를 그리 좋아하지 않는다. 성격적으로 맞지 않아도, 감사할 일은 감사한 일이다. 차가운 삼촌은 무심하게 표현했을 수도 있다. 삼촌은 엄마가 쓰러진 날부터 우리에게 행동으로 표현했다. 그게 삼촌 스타일인 것 같다. 할 때 확실하게 하는 것, 기억에 남지도 않은 인사 따위는 안 한다. 깔끔하다는 본인의 생각은 타인에게는 차가움이다. 사실 그 깔끔한 확실함이 삼촌의 매력이기도 하다. 우리에게도 매사 그런 태도를 요한다. 정곡을 차갑게 찌를 때도 있다. 하지만 나는 안다. 나를 위해서 하는 말임을. 애정도 차갑게 표현하는 사람이 바로 우리 삼촌이다. 아빠는 그걸 캐치하지 못했을까. 서운한 사람은 아무튼 서운하다. 언젠가 서운해하는 아빠를 편 들었을 때, 삼촌은 너도 어쩔 수 없구나, 그렇게 말하고 전화를 끊어버렸다.

어릴 때부터 할머니와 떨어져 지내며 엄마와 서울로 유학 생활을 했던 삼촌은 참 외로웠을 것이다. 아무리 누나가 잘 챙겨줬어도 엄마 대신 학교에 오는 누나, 부모와 살지 않는 삼촌의 삶은 혼자 해야 하는 투쟁 같았을 것 같다. 투덜거리지 않고, 자기 앞가림을 해야 하는, 기대지 않고, 애정을 구걸하지 않는 삼촌은 차가움으로 무장되었다. 뭐 할머니, 할아버지와 살았어도 그리 따뜻하지는 않았을 사람이긴 할 것 같다. 유전자가 차가운 것도 맞다. 엄마와 할머니가 그런 것처럼. 할아버지는 우리 집에 오셨을 때, 주무시고 가시라는 걸 한사코 마다하고 돌아가시곤 하셨다. 삼촌 방 책상에는 삼촌에게 전하는 메모를 써두셨다. '술과 담배는 백해무익한 것. 명 준다.' 이렇게 말이다. 간결하고 확실한 할아버지의 그 유전자도 숨길 수 없는 삼촌이다.

간병한 지 석 달쯤 되었을 때다. 간병사 이모님이 계셨을 때니 가능했을 일이겠지. 나 혼자 간병하기 직전일 것 같다. 그러고 보니 삼촌은 그것도 다 계산했나보다. 주말 아침 일찍 병원에 와서는 나가자는 것이다. 아침 먹으러 가자고, 병원에 처박혀서 맨날 먹는 밥이 맛있겠냐고. 이 아침에 뭘 먹나 생각하기가 무섭게 호텔 조식 먹으러 갈거니까 빨리 옷 입어. 그러는거다. 와, 세상 쌈박한 삼촌 같으니! 차가운 사람이 쌈박한 사람으로 변하는 시점이다. 오케이 고고! 나는 신이 나서 마포에 있는 호텔로 기꺼이 태워져 갔다. 먹는 내내 오랜만에 여행 온 듯 좋았다. 그런 나를 보는 삼촌의 눈은 안타까움이었다. 한 번씩 삼촌이 이러러 오겠노라고 했다. 그러고 보니 성인이 된 뒤로, 삼촌은 매번 나를 안타까워했다. 어릴 때부터 말 잘 듣고, 공부 잘하는 똑 부러지는 조카였다. 물론 가끔 뜻대로 일이 안 될 때 짜증을 많이 내긴 했지만 그것도 잘하고 싶어서 그러는 것. 그 짜증은 받아줄 수 있었어도, 못나진 조카의 모습은 차마 보기 싫었을 것이다. 삼촌의 이런저런 조언에도 좀처럼 잘 성장하지 못하여 안타까워했다. 기대가 높으면 실망도 높은 법. 나는 가족들 대부분에게 아마 그랬을 것 같다. 포기하는 게 점점 많아지는 나를 다들 눈치채버렸다. 귀신같이 정곡을 찔러 말하는 삼촌이 밉지만 또 밉지 않았다. 우리 삼촌이기에 지금도 계속 자양분인 말이다.

  삼촌이 결혼하여 딸을 낳고, 마치 사촌이 조카처럼 느껴지는 나이 차이로 참 귀여웠다. 삼촌은 차가운 삼촌의 말투로 내 사촌에게도 그랬으며 나는 그것이 매번 걱정이 되었다. 지금은 많이 큰 그 딸이 아빠의 차가운 말도 애정이라는 것을 알고 있길 바란다. 또 현재 삼촌의 미국 생활이 외숙모와 진짜 내 편임을 확인하는, 외롭지 않을 인생임을 느끼는 기회가 되었으면 한다. 삼촌이 외롭지 않았으면 좋겠다. 나 또한 같은 유전자라 살갑게 한 번도 표현해 보지 않았지만 보고 싶다 많이.

우리 방 손님 재활치료사

　병원에서 지내는 생활이 활기찰까. 집에서 지내는 생활이 활기찰까. 환자에게도 보호자에게도 단연 병원이라고 말할 수 있다. 사람들은 그 갑갑한 병원 생활이 왜 활기찰 수 있는지 모른다. 어차피 엄마처럼 누워 계시는 중환자는 하루에 만날 수 있는 사람이 몇 없다. 집이라면 정말 가족 외에는 없을 것이다. 간혹 찾아오는 지인들? 정말 간혹 찾아온다. 그리고 지금처럼 매일 요양사 이모님이 오신다. 엄마가 하루에 만나는 사람은 딱 아빠, 요양사 이모님, 이틀에 한 번 나. 일주일에 한 번 사위

와 외손주, 이주에 한 번 오빠네 가족 그렇게가 전부이다. 그래도 요즘엔 식당도 가시고, 친구분들도 만나러 가시고 하셔서 범위가 더 넓어진 것도 사실이다. 하지만 그것도 아주 가끔 있는 일. 그에 반해 병원에서는 어떤가. 나, 간병인 이모님, 같은 방 환자분과 보호자님, 그들의 문병 온 손님들, 아빠, 오빠, 주치의 선생님과 전공의 선생님들, 간호사분들, 이분들도 교대 근무라 하루에 여러 명이다. 누워계시는 엄마가 매일 만나는 사람들이 참 많았다. 귀가 몹시도 열려있었고, 수술 후에는 더욱 청력이 발달하신 듯 작은 소리도 무척 잘 들으셨다. 세상의 모든 소리를 들으려 하시는 것처럼 다른 사람들이 하는 말을 놓치지 않고 들으셨다. 재미있는 사람들의 이야기였을 것이다. 수다가 얼마나 하고 싶으셨을까 싶다.

그조차 지루해질 즈음 우리 방으로 새로운 손님이 정기적으로 오게 되었다. 누워만 계시면 몸이 점점 더 굳어지기에 재활치료사분께서 병실로 직접 오셔서 관절 운동 등을 가볍게 시켜주고 가시는 것이다. 아직 휠체어를 타기에 이른 엄마는 재활 치료를 받으러 재활병동까지 가지는 못하셨다. 차츰 회복되는 걸 봐서 휠체어를 태워 보자는 말만으로도 우리 가족은 희망으로 가득 찼다. 그때만 해도 우리의 행복 회로는 이러했다. 휠체어를 타고 콧줄도 빼고 밥도 드시고 기운이 더 생기셔서 재활병동에서 운동 열심히 하고 걷기 연습을 하다 보면 언젠가 걸어서 퇴원해 집으로 가겠지. 우리는 같이 엄마와 여행도 하고 맛난 것도 먹으러 다니고 하겠지. 행복 회로는 가동을 하다 말다 참으로 말썽이었다. 차라리 휠체어를 타기 전 희망적이었던 그때 그 마음이 더 좋았던 때도 있었다. 싸우지 않고 감사하다 했던 그때였다.

아무튼 우리 방에 재활치료사님이 방문하게 되었고, 일주에 한 두 번이었지만 그 방문이 꽤나 설렘의 시간이었다. 구부러진 왼손을 열심히 만져주시고 펼쳐주시는 치료사님을 엄마는 빤히 보셨다.

손으로, 눈으로 말씀하셨고, 어떤 때는 글로 써 표현하기도 하셨다. 처음엔 무척 상냥하고 야무진 손길의 젊은 여자 선생님이셨는데 위아래 하얀 치료 복에 가슴 앞주머니에 꽂은 볼펜이 인상적이었다. 치료사님들이 주는 묘한 향기가 있다. 늘 손소독제를 들어오기 전과 나가기 전에 바르셨는데 그 향이 늘 치료사님들께 났다. 코로나로 인해 그 냄새가 지금은 좋지 않게 인식되어 버렸지만 그때는 그 냄새가 치료사님들의 전문가의 향 같은 느낌이었다.

남자 선생님으로 바뀌었을 때가 더 재미있다. 마르고 큰 키에 약간의 사투리가 애교로 느껴지는 넉살 좋은 치료사님이 우리는 꽤나 귀여웠다. 말 못 하는 엄마에게 어찌나 재미지게 이야기하고 가시는지 사람이 고팠던 우리에게 그 선생님은 엄청난 활력이었다. 호감의 느낌은 말이 아니라 눈빛이다. 엄마와 나는 그 선생님에 대해 한마디 말도 하지 않았지만 서로의 눈빛과 웃음으로 느낄 수 있었다. 그리고 그 호감을 전달하는 확실한 방법은 이제 말이다. 엄마에게는 그를 대신하는 글이 있었다. 글쎄 어느 날 손 글씨로 선생님께 몇 살이냐고 묻는 것이다. 나는 엄마 대신 얼굴이 빨개졌고, 당황스러우면서도 엄마가 귀여워 웃음이 났다. 애정은 애정으로 통한다. 크리스마스 무렵, 그 선생님은 심심할 때 전화하라며 전화번호를 빠르게 부르고 나가셨다. 응? 전화번호를 줬어? 지루한 2인실에 잠깐의 설렘을 엄마와 나에게 준 그 선생님께 참 감사하다.

처음 휠체어에 앉았어.

 드디어 엄마가 휠체어에 앉았다. 누워만 계시던 환자가 휠체어에 앉는다는 것은 엄청난 단계적 도약이다. 이는 곧 재활병동으로 가서 재활치료를 받을 수 있다는 이야기이며 엄마가 걸을 수도 있고, 퇴원을 할 수도 있다는 말이다. 걸어서 나가게 될지, 휠체어를 타고 나가게 될지 사실 모를 일이었지만 우리는 일단 한 보 전진하였다.

 경과가 좋은 환자들은 빠르게 회복하여 재활치료를 빨리 시작한다. 재활치료에도 골든타임이라는 것이 존재하여 일반적으로 수술 후 3개월 안에

치료가 시작되어야 원활한 재활이 이루어진다고 한다. 엄마는 이미 수술 후 43일을 주무셨고, 여러 상황들로 인해 3개월을 훌쩍 넘긴 시점이었다. 하지만 우리는 엄마가 휠체어에 옮겨 앉아 병실 밖 복도를 나온 것만으로도 너무 기뻤다.

엄마가 보는 세상이 병실에서 병동으로 넓어졌다. 엄마는 병실 안으로 들어와야 보던 간호사님들에게 병동 데스크 앞으로 가서 손들어 인사해 보였다. "저 휠체어 타고 나왔어요."하고 말하지 않아도 모두 "어머 주정숙님 휠체어 타셨어요? 축하드려요." 우리 네 가족은 모두 주정숙님이 되었다. "네 휠체어 탔어요. 감사합니다. 감사합니다." 신이 나서 대답했다.

병동에 비치되어 있는 휠체어는 두, 세대였다. 그 중 엄마처럼 목을 아직 가누지 못하는 환자를 위해 머리 위까지 높이 올라오는 남성용 휠체어가 필요했다. 갓 난 아이와 같다고 하지 않았나. 앉혀 놓아도 목을 가누지 못하니 머리를 잡아 주어야 한다. 앞으로 고개가 떨어지지 않게 의자와 이마를 붕대로 묶은 채 우스꽝스러워 보였지만 그럼 어떠하리 그저 좋았다. 이마를 의자로 연신 붙여가며 휠체어를 밀고 가는 보호자들이 그제야 보이기 시작했다. '아 그래서 한손으로 저리 이마를 붙잡고 밀고 가는 거였구나. 한 손으로 밀려니 무릎으로, 몸으로 밀면서 가는 거였구나.' 우리처럼 붕대를 사용하는 걸 모르거나 잊으신 모양이다. 언제까지 붕대를 감았나 기억나지 않지만 못 나 보이는 붕대를 안 감고 싶어 더 자주 연습 삼아 휠체어를 태웠던 것 같다. 목을 스스로 가눌 수 있는 힘을 길러주는 과정 또한 갓 난 아이의 연습과 같다.

아 그 전에 휠체어를 태우는 과정이 빠졌다. 한쪽 팔, 다리를 쓰시지 못하는 엄마는 당연히 스스로 휠체어에 탈 수 없었다. 그렇다고 사지를 붙잡고 여러 명이 매번 그럴 수도 없었다. 그 또한 위험했다. 이때에도 전문가는 동원된다. 병원에는 이송 요원이라는 분들이 존재한다. 병원 곳곳을 잘 알고 병실에서 재활치료실, 병실에서 검사실 등으로 환자를 이송해 주는 일을 한다. 우리가 병원에서 지낼 때는 연보라색 상의를 입고 계신 분들이 그분들이셨다. 그분들은 환자의 상태에 따라 침대 채로, 혹은 휠체어에 태워서, 동반해야 하는 장치가 있다면 그것과 함께 환자를 옮겨준다. 병원의 이곳, 저곳을 누비는 힘과 기술을 겸비한 분들이다. 작고 왜소하다고 얕보면 안 된다. 확실한 기술만 있다면 충분하다. 훗날 나도 전문가가 되었듯 기술을 익히는 것은 매우 중요하다. 우리는 그분들을 요청하고 기다리다 결국 스스로 하게 되는 일이 많았고, 그렇게 우리의 실력도 늘어갔다. 처음에는 그분들께 배웠지만 나중엔 내가 "좌측 편마비 환자라 저희 엄마는 이렇게 해야 해요."라며 요령을 알려주게 되는 이송 요원도 있었다. 그렇게 우리는 새로 만나는 사람이 또 늘게 되었다. 엄마가 익숙해진 단골 요원도 생겼고, 그 분이 오면 난 더 마음 편할 수도 있게 되었다.

병동 복도를 나는 엄마보다 3개월 이상을 먼저 만나왔다. 처음 맞는 엄마의 복도는 어땠을까. 그 복도에서 우리는 얼마나 많이 싸우고 울고 그랬는지. 휴게실은 또 어땠을까. 병실의 TV보다 자유로운 휴게실의 TV는 또 엄마와 많은 추억을 남겼다.

환자의 도약은 간병인에게도 도약이다. 함께하는 환경이 달라지고, 생활이 달라진다. 우리는 이제 한 단계 더 나아가보려 한다. 5인실로 병실을 바꿔보기로 결정했다. 물론 자리가 날 때까지 2인실에서 지내야겠지만 우리는 그 사이 2인실 창가 자리로도 옮겨보고 창가 자리가 베스트가 아니라는 것도 알게 되었다. 그리하여 5인실에 원하는 자리가 났을 때, 짐을 챙겨 빠르게 이사를 했다. 5인실에서의 생활은 또 더 재미있다. 물론 우리의 목표는 걸어서 나가는 것이었지만, 그 과정을 더 유쾌하게 해 나가는 활력을 얻기에 2인실보다 5인실이 맞았다. 잘한 결정이었다.

사람 사는 이야기가 한가득. 관계하는 사람도 많아지고, 듣는 이야기, 하는 이야기가 더욱 많아졌다. 기대되는 5인실이다.

5인실에서

옮기길 잘했네.

 2인실에 같이 머물렀던 이웃들 중 5인실로 이사 간 분들이 몇몇 계셨다. 물론 우리처럼 오래 2인실에 머무르시는 분들은 거의 없었기 때문에 대부분 5인실에 자리가 나면 옮겨 가신다. 한 번씩 복도에서 마주치면 아직 2인실에 있냐고 물으셨다. 그때는 그게 좋은 줄 알았다. 2인실에 머무는 것이 5인실보다 프라이빗하고, 또 너무 프라이빗한 1인실보단 덜 적적했다. 그러던 어느 날 5인실로 옮겨가신 보호자 분께서 말씀하시길 어떤 부분은 더 좋다는 것이다. 이를테면 하루에 만나는 사람이 많다

보니 이렇게 저렇게 하루가 잘 간다는 것이다. 그리고 보는 게 많으니 배우는 것도 많아 환자를 케어하는 부분도 나아지고, 자극받는 일도 많아 환자도 더 나아지려고 노력한단다. '그래 뭔가 자극받는 부분은 훨씬 좋겠구나. 그리고 이제 전문 간병인 이모님이 안 계시고 나 혼자이니, 배운 부분에 한계가 있기도 하겠구나.' 싶었다. 어떤 일에서든 배움은 끝이 없다. 지금 이 단계에서 배워 적용할 수 있는 기술이 있는가 하면, 그다음 단계로 들어서면 또 새롭게 배워야 한다. 어쩌면 다음 단계로 들어서는 데 더딘 이유가 2인실에 머무르듯 새로운 자극이 없이 머무르고 있었기 때문이라는 생각이 번뜩 들었다. 아빠가 부담해야 하는 병원비도 사실 만만치 않았다. 아빠는 엄마와 내가 지내는 생활비이니 얼마든지 괜찮다고 했지만 우리 마음은 사실 그렇지 않았다. 진즉에 고려했어야 할 부분이었음에 주저하지 않고 담당 주치의 선생님께 여쭤보았다. 선생님도 마찬가지 생각이라 하셨다. "경과가 좋아지는 데 더 도움이 될 수도 있다. 병실 옮기고 적응하시면 휠체어를 타고 재활 병동으로 가서 치료 받으시는 것이 좋겠다."고 하셨다. 우리는 한 단계 업그레이드할 준비를 마쳤다. 그리고 2인실 안에서 창가 자리로 옮겨 보니 햇빛이 많이 들면 많이 드는 대로 힘들고, 커튼을 쳐 두면 방으로 햇살이 안 들어오니 이웃의 눈치를 살피게 되어 불편하였고, 보호자가 밤에 잘 때 양쪽에 환자의 침대가 다 있는 형국이니 안정감이 없었다. 처음 머물렀던 벽 옆이 훨씬 보호자가 머무르기에 좋다는 것을 체험해 보고 안 사실이다.

5인실의 구조는 이러했다. 미닫이문을 열면 왼쪽으로 바로 주르륵 병상 세 개가 있고, 그중 문 열자마자 바로 앞 병상은 혼자만 침대 방향이 90도 돌려져 환자가 벽 쪽으로 붙어져 있는 구조였다. 벽을 좋아하는 환자라면 환자 입장에서는 좋을 수 있겠지만 보호자 입장에서는 가장 개방되어 있는 위치라 최악의 자리였다. 미닫이문을 열고 오른쪽으로는 화장실과 병상 2개가 있다. 화장실 벽 옆 병상과 가장 안쪽의 창가 자리. 우리 자리는 바로 화장실 벽 옆자리로, 들어오자마자 바로 보이는 자리도 아니요, 내 자리를 펴고 지내기에 가장 안정감 있는 자리였다. 주치의 선생님도 "명당자리로 옮기시네요."라며 잘하셨다고 어쩐 일로, 아니 처음으로 칭찬을 하셨다. 그렇게 옮긴 새 자리가 내게는 아늑했다. 내 입장에서는 벽에 등을 대고 있을 수도 있었고, 여러 사람의 기운을 받으셔야 하는 엄마는 가운데에서 모두를 잘 볼 수도 있었고, 참견하기도 좋은 자리라 좋으신 듯했다.

우리는 새 자리에 적응하기에 앞서 민폐를 끼치지 않는 것이 먼저였다. 네블라이저가 문제였다. 밤에 셕션도 문제였다. 한 번씩 밤에 빼주어야 하는 가래는 석션을 하지 않는 다른 환자들에게는 시끄러울 수 있었다. 그리고 자기 전에 하는 네블라이저는 가래를 묽게 해주는 데 도움이 되는 치료 장치인데 소리가 참으로 요란하여 민폐 그 자체였다. 그래서 우리는 최대한 소등하기 전에 네블라이저를 마치는 걸 목표로 시간을 맞춰보았다. 석션은 그렇지만 어쩔 수 없는 일이었다. 나도 엄마도 최대한 조용히 일을 처리하려고 애썼다. 그렇다면 다음 단계는 석션을 하지 않는 길이다. 이것은 여러 과제를 거쳐야 했고, 우리는 또 그 과제를 열심히 수행하며 한 단계 한 단계 업그레이드해 나가고 있었다.

지금 생각해 보니 병원 생활 초반에 몸은 너무도 고되고 힘들었지만 마음은 힘들지 않았다. 자주 깨며 잤지만 짧은 잠에도 개운했고, 하루가 보람찼다. 매일 성장하는 기분을 맛보며 지냈기 때문이었다. '엄마! 오늘은 이만큼 좋아졌어, 내일은 이렇게 해보자. 그러면 곧 이렇게 된대.' 이런 희망이 매일 매일 우리에게 찾아왔고, 그것이 현실로 이루어졌다. 처음엔 좋아지는 일만 있었다. 매일이 성장이요, 업그레이드였다. 삶은 그렇게 살 때 가장 보람되고 힘이 난다. 서로가 흐뭇하고, 그

걸 가족과 공유하며 함께 기뻐하고, 말하지 않아도 우리가 잘하고 있음에 뿌듯해한다. 나의 자존감도 병원에서 참 높았던 것 같다. 그렇게 병원에서 엄마만 돌보는 삶을 살면서 자존감이 높을 수 있다면 믿을까. 나는 그때 누군가에게 꼭 필요한 사람이었으며, 누구보다 내 일을 잘하는 중임을 매일 확인 받았고, 병원 안과 밖에서 최고의 효녀로 인정받았으며, 내 스스로 뿌듯한, 그리고 감사한 일을 하며 열심히 살았기 때문이다. 인생을 돌아보며 지금껏 한 일 중 가장 잘한 일이 무엇인지 생각해 보면 첫째가 내 아이를 낳아 키우는 것이며, 둘째가 내가 그때 엄마를 열심히 돌본 일이다. 누구에게 등 떠밀려서도 아닌, 내 스스로 선택하여 그렇게 최선을 다해 임해 본 적이 있었을까. 그리고 그 일이 모두에게 도움이 되었다면 그만큼 나와 모두에게 좋은 일은 없을 것 같다. 그런 때가 있었다는 것이, 그때 나의 선택이 참 자랑스럽다. 젊었으니 가능했었다는 생각이 또 든다. 몸과 마음이 건강했던 그때가 참 감사하다.

 엄마와 나의 5인실에서의 파란만장한 성장기가 곧 펼쳐질 것이다. 중환자실에서 나와 2인실에서의 생활이 갓난아이를 키우는 것과 같이 귀하고 섬세한 돌봄이었다면 5인실에서의 생활은 이제 기고, 걷기 시작하는 아이를 돌보는 것과 같이 우당탕한 일들의 연속이다. 싸우기도 참 많이 싸웠고, 소리치기도 참 많이 그랬다. 엄마가 울기도 많이 울었고, 나도 울어야 했다. 그렇게 성장한다는 걸 미리 알았다면 참았을까. 알아도 힘든 마음 서로 그랬을 것 같다. 각오를 다지는 일이 많았고, 서로 그렇게 지지고 볶고 그랬다. 우리가 그러는 만큼 다른 환자와 보호자들도 그랬다. 그걸 지켜보는 것은 제삼자의 시각으로는 재밌기도 했다. 우당탕은 볼만 했지만, 가끔 마음 아파 차마 보지 못한 적도 많았다. 눈물 나는 사연 또한 집집마다 있기 마련이었다. 한 병실에 있다는 것은 집을 공유하는 것이다. 방문을 아무리 닫고 싸워도 들리는 소리처럼, 커튼 하나로는 나만의 집이기 힘들었다. 창피한 것도 쉬쉬할 것도 없는 사이가 되기도 했고, 사람 사는 거 비슷비슷하여 비슷한 일로 위로받기도 했다. 하지만 모두 눈으로 보고, 귀로 듣고 있어도, 없는 척, 모르는 척해주는 것이 이 병실을 사는 법이었다.

또 다른 법은 환자가 위험한 일이 있거나 하는 상황이면 모두가 보호자가 되어 지켜준다는 법이었다. 2인실에 있을 때도 옆자리 보호자가 담배 피우러 간 동안 내가 몇 번 간호사님을 불러준 것처럼, 위급상황이나, 필요로 할 때 도와 줄 사람이 많아졌다는 게 5인실의 최대 장점이었다. 내가 잠깐 자리를 비웠을 때, 나 대신 간호사님을 불러 줄 사람이 많아졌고, 나 또한 기꺼이 그렇게 했다. 환자, 보호자 4명이 지내던 2인실에서 10명이 지내는 5인실에 코고는 분은 꼭 계시기 마련이었고, 코고는 소리로 인해 우리의 석션 소리가 덜 눈치 보일 정도익 분들도 계셨다. 하지만 난 예민하지도 덜 피곤하지도 않았고, 석션할 즈음의 엄마 가래 소리만 기가 막히게 듣고 깨는 신통방통한 간병인이 되어 있었다. 단조롭고도 시끄러운 5인실의 생활은 우리와 참 잘 맞았다.

요플레 연습

 장 건강에 좋은 요플레는 병원에서 지내시는 분들에게는 필수품이다. 병실 냉장고에 집집마다 있는 요플레가 우리 집에서는 다른 용도로 사용되었다. 이제 엄마는 기도삽관을 제거하고, 기관지 절개술을 하셨던 부분을 막아 입으로 삼키는 연습을 하신다. 삼킴의 기능이 어느 정도인지 확인이 되어야 절개했던 부분을 꿰매고 정상인처럼 식사를 진행할 수 있다. 삼킴의 기능은 어떻게 향상되느냐. 이 또한 아이가 성장하는 것과 같다. 우유를 머던 아이가 이유식을 할 때처럼 말이다. 이유식처럼 묽은 것을 삼키는 연습을 통해 점차 어른의 식사 형태로 진행될 수 있듯, 이유식 대신 요플레로, 그다음 죽으로, 그다음 밥으로 한 단계 한 단계 성장해 가는 것이다. 훗날 아이를 키우는 과정에서는 그 모습이 대견하고 신기하고 어쩔 줄 몰라 사진으로 남기는 호들갑을 떨었지만, 그 당시 5인실 안에서 우리는 참 조용히 야단스럽지 않게 진행하였다. 사실 우리한테도 큰일이었던 그 과정을, 재활하며 걷게 되었을 때를 생각하며 호들갑을 참고 있지 않았나 싶다. 이제 더 큰 산이 남아 있고, 그걸 해낼 생각을 하니 이 정도로 좋아하기엔 아직 이르다는 듯 말이다.

사실 그것이 아주 큰 성장이라는 것을, 지금에 와서 생각해 보니 그렇다. 음식을 일반식으로 한다는 것은 기운을 훨씬 차릴 수 있는 일이요, 콧줄도 빼고 가볍게 재활병동으로 이동할 수 있는 일이요, 재활 운동을 하는데 박차를 가할 수 있는 일이다. 무엇보다 네블라이저와 석션이 없는 밤 생활의 시작이므로 아이로 치면 통잠의 기적을 맛볼 수 있는, 보호자에게 이제 반은 키웠다 싶을 엄청난 변화의 순간이란 말이다. 그렇게 작은 일도 척척 잘 해내는 엄마가 지금 또 감사할 일이다. 요플레도 잘 먹어주고, 아이참 이쁘다. 우리 엄마!

이제 먹고 싶은 것들을 조금씩 그렇게 먹을 수 있는 엄마에게 우린 뭐든 해줄 수 있을 것 같은 마음이었다. 아빠는 엄마가 드시고 싶다는 것이면 지금 우리 아이에게 그러시듯, 기쁜 마음으로 병원으로 한걸음에 사 가지고 오셨다. 해줄 수 있는 것을 다 해주고 싶은 마음은 어디까지일까. 우린 퇴원해서 언젠가 이런 대화를 한 적이 있다. 기술이 좋아져서 재활 운동으로도 결국 못 걷게 된 이들을 위해 개발될 거라는 자동보행기기. 우리 가족은 엄마에게 기꺼이 그것을 장만해 줄 것이다. 하지만 반전은 엄마는 그걸 원치 않으신다는 것이다. 그것 또한 넘어질까 무섭고, 그냥 휠체어 생활이 편해지셨단다.

대대로 유약하고 쫄보인 우리 가족은 엄마를 강하게 몰아붙여 걷게 할 생각이 크게 없었다. 물론 병원에서 간병인의 의무를 하고 있는 나는 엄마와 싸워가며 운동을 하고 걷게 해 보려 최선을 다했지만, 마음 한구석에는 저렇게 걷다가 넘어지면 어쩌지. 그냥 우리가 휠체어로 모시고 평생 그렇게 함께하면 되지 뭐. 그런 생각이 깔려있었다. 나보다 더 쫄보이고, 엄마가 너무 귀했던 아빠, 오빠도 아마 비슷한 마음이 있었을 것이다. 무엇이 진짜 엄마를 위한 길인지는 말하지 않아도 안다. 그렇지만 우리 가족에겐 그런 강단이 없었다. 과보호의 끝판왕 우리 집 식구들은 무늬는 운동에 최선을 다하라 했지만 그저 맛있는 것 잘 먹고, 안 아프게 있어주는 것만으로도 감사하다, 그러고 있었던 것 같다.

 제대로 성장하게 한다는 건 무엇일까. 나를 위하는 게 아니라, 그 사람을 위해 진정 해야 할 것을 하는 것이다. 그럴 때 강단이 필요하다. 내 마음이 편해지자고 가 아니라, 그 사람의 미래를 위해 지금 악역을 해주는 것. 나는 더 엄마와 싸웠어야 했다. 더 모질게 굴어야 했다. 엄마를 걸리지 못해 제 역할을 못해낸 나는 여전히 내 마음 편해질 생각뿐이다. 후회의 감정이 밀려오고, 눈물이 왈칵 쏟아지는 것은. 그때 그랬더라면 어땠을까. 우리는 더 좋았겠지, 하는 아쉬움이 남아있는 것이다. 내가 의심하고 있다는 것을 잠재의식은 알고 있었기에 그 믿음은 결과로 나타났다. 그러니 지금 재활 운동을 하고 있다면, 제대로 열망하고 강하게 믿고 실행하길 바란다. 내가 열망하고 믿은 것은 엄마와 퇴원해 함께 미사를 드리고, 맛있는 것을 먹으러 가는 것이었다. 나는 그것을 이뤘다. 엄마를 걸리기에 내 믿음이 부족했음을 인정한다. 내가 확신해야 했고, 그 확신이 엄마에게도 전해져야 했다. 엄마는 끊임없이 못 걸을 것이라고 확신했고, 그것이 우리가 실패한 이유였다. 그러니 다시 한번 말한다. 제대로 열망하고 믿고 실행해야 한다.

  나는 최선을 다하지 않았던가. 시간을 돌려보고 싶은 날이다. 내가 이 책을 내보겠다고, 간병기를 써보겠다고 마음먹은 것은 아직 남아있는 내 아쉬움과 후회의 감정을 반성하고, 털어 내보고자 하는 것 같다. 이제 그만 그 감정에서 나오고 싶다. 이 책을 내면 나는 털어 낼 수 있을까. 감정을 털어내려 생각을 정리하고, 사실 미처 다 정리되지 못한 생각들을 글로 쓰며, 나는 위로 받고자 한다. 내게 글을 쓴다는 것은 그런 힘이 있다. 강한 힘이 나를 편하게 해주길 바란다.

양화대교

'우~~ 행복하자 아프지 말고 우리~~.'

엄마가 입원해서 한창 적응할 무렵, 오빠는 늘 노래 '양화대교'를 중얼거렸다. 오빠랑 비슷하게 비쩍 마른 가수 자이언티의 노래라 오빠가 부를 때마다 웃기기도 한 그 노래를, 어느 날 혼자 듣게 되었다. 택시 기사를 하셨다는 자이언티의 아버님을 떠올리며 그가 만들었다는 이 노래는, 늘 막히는 양화대교 위에 있던 아빠를 기다리던 가족들의 이야기라는 것도 그 무렵 알게 되었다. 그 노래 말미에는 '행복하자 아프지 말고'라는 가사가 반복

되어 읊조려진다. 그렇게 가사를 곱씹어 듣고 보니 오빠는 나름 그때의 우리 가족을 그 노래에 잔뜩 투영하였던 것 같다. 엄마와 내가 있는 병원으로 하루에 한두 번씩 오가던 길, 양화대교를 건너오던 차 안에서 오빠는 그 노래를 얼마나 반복해서 들었을까. 아빠도 나도 엄마도 귀에 인이 박히게 들었던 그 노래는 아마 우리 가족 입원기의 주제곡 같은 것일 거다. 조금은 무겁고 가슴 먹먹한 그 노래가 오빠와 자이언티의 싱크로율 때문에 웃기게 포장되었지만, 오빠에게는 그 당시 힘들었고 또 힘내고자 하는 마음을 대변했던 곡일 테다.

  오빠는 그 당시 어땠을까. 우리 가족은 엄마와 나는 병원에서, 아빠와 오빠는 집에서 그렇게 둘로 나눠 지냈다. 겉모습은 그랬지만 사실 모두 마음은 병원에 있었을 거다. 처음 나와 엄마를 두고 집에 가지 못해 발을 못 떼던 아빠의 모습이 생각난다. 차마 가지 못해서 9시가 넘어 방들은 모두 소등에 들어가야 했던 시간. 난 "이제 그만 가. 가서 자고 낼 와."하고 아빠를 등 떠밀어 보냈었다. 자영업을 하시는 아빠는 나름 시간을 자유롭게 쓰시며 일을 하실 수 있었고, 사회생활을 시작한 지 그리 오래되지 않은 오빠는 회사 일에 정신을 바짝 차리고 커리어를 한창 쌓아야 할 시기였다. 오빠는 퇴근하고 병원으로 와서 가족 상봉을 하고 발이 안 떨어지는 아빠를 모시고 양화대교 노래를 들으면서 함께 집으로 돌아가 아빠 저녁 식사를 챙겨 주는 일을 반복했다. 본인 일에도 최선을 다해야 했고, 아빠를 챙겨야 했고, 엄마의 상태도 체크해야 했다. 일을 그만두고 병원에서 지내고 있는 동생을 무거운 마음으로 지켜보기도 했을 것이다. 하나만 생각하면 됐던 나와는 달리, 오빠는 참 복잡한 마음과 일들을 처리하며 2년간을 지냈을 것 같다.

패턴이 익숙해지면서 집으로 돌아가는 아빠의 발걸음도 조금씩 가벼워졌고, 별다른 일이 있지 않는 한, 아빠는 점심에도 병원으로 와서 나의 점심시간을 길게 늘여주셨다. 병원에서 부자였던 우리는, 적어도 우리에게 풍족하게 최대한의 것을 지원해 주고자 했던 아빠의 마음이었기에, 먹고 싶은 것, 점심, 간식 참 부족함이 없었다. 엄마가 밥을 반 밖에 드시질 않으셨기에 나는 아침, 저녁으로 엄마 밥을 반 나눠 먹었고, 점심에는 아빠의 지원으로 처음에는 병원 1층 식당의 비싼 메뉴들을 골고루 돌려가며 외식을 했다. 나중에 정신을 차려보니 나는 너무 비싼 간병인이었다 싶어, 병원 관계자들이 출입하는 직원 식당의 밥을 식권 구매로 먹게 되었다. 점심 식사 후에는 한 바퀴 병원 이곳저곳을 산책하며 내가 모르는 병원의 모습을 발견하는 일이 새로운 일상이 되었다. 이 또한 재미있었고, 참 감사한 일이었다. 아빠는 그 시간에 엄마와 점심 식사를 함께 하며 둘만의 시간을 보냈다.

아빠와 나, 오빠는 참 제 역할을 불평 없이 잘 해내며 시간을 보냈던 것 같다. 제 역할을 각자 서로의 입장을 생각하면서 그렇게 할 수 있었던 것은 우리가 서로를 위하고 아끼는 마음이 있었기 때문이다. 그때는 오빠에게 서운했던 일도 있었으나 지금 생각해 보니 제 역할을 해내느라 힘들었을 오빠의 입장은 생각 못 한 내가 미안할 일이었다. 나는 병원에서 엄마와 함께 지낸다는 핑계로 얼마나 많은 특권을 누렸을까. 배려받고자 했을까. 너무하다고 생각했을지도 모른다. 나의 선택이었고, 누구에게도 바랄 수 없는 부분이었다. 지나고 보니 어른스럽지 못했던 내 자신이 부끄럽다.

아빠는 나와 엄마를 두고 가며 얼마나 마음이 힘들었을까. 우리는 마음이나마 가족실이라도 있었으면 했다. 유학을 다녀왔던 오빠는 정신적 독립을 했을 수도 있지만 엄마 옆에서 엄마의 그늘에서만 살았던 아빠와 나는 여전히 엄마 옆에 있고 싶었다. 엄마 옆자리를 내가 아빠 대신 차지했다. 아빠는 그런 엄마 옆을 못 떠났다. 그래서 하루에 두 번씩 그렇게 오셨다. 우리 가족의 모습은 타인들에게는 화목해 보였지만 사실 내부적으로는 유약했다. 무엇이 됐든 간에, 우리는 병원에서 만난 모든 이들에게 뭉쳐진 가족의 모습 그 자체였다. 이제 우리는 세 가족으로 분리되었다. 나도 오빠도 가정을 이루었고, 어른이 되어가는 중이다. 엄마를 지키는 아빠는 더욱 단단해지셨다. 우리는 이제 훨씬 크고 강하게 뭉칠 수 있다고 믿는다.

종달새와 훌쩍이

5인실로 옮겨 오니 매일 보는 사람이 아주 많이 늘었다. 매일 대화를 나눌 수 있는 사람도 많아졌고, 병실은 복작복작했다. 환자와 보호자 총 10명이 함께 쓰는 공간에서 각자 최대한 서로의 프라이버시를 지키며 살아간다. 들어도 못 들은 척, 보고도 못 본 척할 수 있는 능력이 자동으로 생긴다. 하지만 속으로는 각 집의 속속들이 파악에 나선다. '음 저 집은 딸이 여럿이군, 보호자가 환자 친언니구나, 부부 사이가 좋구먼.' 내 나름 각 집의 분위기를 읽으며 조심한다. 전문 간병인이 있는 환자의 집은 더 신경을 세우기도 한다. 보호자가 없다고 환자에게 어떻게 하나, 하고 지켜보는 이가 8명이다. 전문 간병인을 고용한다면 다인실이 당연하겠다.

처음 우리가 5인실로 옮겨 왔을 때 우리 건너편 자리에 있던 환자는 엄마와 내 나이 딱 중간 정도 되어 보이는 분이셨다. 중환자는 아니었지만 희소병으로 인해 같은 치료를 두 번째 받으러 입원하셨다는 그 분은 키가 크고, 예쁘장한 외모에 귀여운 말투를 갖고 계셨다. 약간은 하이톤의 종알거리는 말투를 사용하는 그 분의 말은 아무리 작게 조심히 말씀을 하셔도, 그래서인지 더 귀가 기울여졌다. 별다른 내용도 아니었지만 같은 말을 조금은 길게 표현하는 그 분의 말이 귀여운 종달새가 지저귀는 소리처럼 들렸다. 엄마가 그분을 처음 표현한 말이 종달새였다. "저 사람이 종달새네 집 남편인가보다."하고 말이다. 남편이 오면 더 귀엽게 종알종알 미주알고주알 말하기 바쁜 그 분이 엄마도 귀엽다고 하셨다. 평일에는 전문 간병인분이 계셨고, 주말에는 남편분이 오셨다. 그분의 남편은 다정하게 종달새의 이야기를 잘 들어주셨다. 그 부부를 보고 있으면 나도 모르게 흐뭇하기도 했다. 그러니 저 종달새는 주말이 오길 얼마나 기다렸을까 싶어, 평일에 종달새 이야기를 들어주고 싶다는 생각까지 했다. 엄마가 한두 마디 질문으로 말을 붙이면 길게 재잘대는 종달새가 우리 방 한가운데의 마스코트 같았다.

반면 기관지 절개술과 기도 삽관을 했던 목이라 그런지, 봉합 후에도 원래 엄마 목소리로 돌아오지 못했던 엄마는 오리처럼 꽥꽥 뱉어내는 발성으로 말을 하셨다. 엄마가 이쁘지 않았으면 그 말을 못 들어줬을 터인데 병실을 함께 쓰는 사람들에게 엄마의 말이 소음이지 않도록 나는 매일 엄마를 예쁘고 깨끗하게 관리해 드렸다. 훗날 내 아이를 유치원에 깨끗하고 좋은 옷 입혀 보내는 심정으로 머리를 빗기고 환자복을 갈아입혔다. 사실 우리 엄마는 내가 뭘 하지 않아도 알아서 예쁘긴 했지만 말이다. 부리부리한 눈에 높은 코, 적당한 입술, 무엇보다 백발이 너무도 잘 어울리는 고급진 뽀얀 피부의 소유자였다. 그런 엄마가 말을 하면 사람들은 신기한 듯이 엄마 말에 경청했다. 이목을 끈다는 것은 타고나는 것 같았다. 종달새가 귀여운 이유도 비슷한 거라면 아 세상에 나는 어찌 살아갈까 싶다. 나는 외모지상주의자가 참으로 맞다.

그리고 훌쩍이가 있었다. 훌쩍이는 병실 문을 열자마자 왼쪽 벽에 붙어 있는 혼자 방향이 다른 외로운 침대 자리의 환자이다. 그 공간에 있던 환자 중에 그 공간을 가장 우울하게 만들었던 환자. 20대 초반의 그 친구는 학생 같은 말투에 나를 '언니', 우리 엄마를 '할머니'라고 부르며 살갑게 이야기를 붙이곤 했다. 그렇게 살갑게 이말 저말 하던 그 친구는 어느 날은 자리에 불도 켜지 않고 침대에 커튼을 모두 닫아 놓은 채 하루 종일 말없이 있었다. 그리고 한 번씩 훌쩍이가 훌쩍거리는 소리를 들었다. 마음 아프지만 아는 체할 수 없었고, 훌쩍이는 혼자일 수 없는 혼자만의 공간에서 훌쩍거렸다. 그런 날은 밥도 먹지 않고 앞 끼니의 식판에 밥이 그대로인 채, 다음 식판이 놓일 자리가 없어 헤매기도 했다. 한두 번은 내가 그 밥을 대신 받고, 깨워 밥을 먹일 시도를 했다. 간병을 하시는 분은 그 친구의 이모였고, 한 번씩 집을 오가셔야 할 때는 훌쩍이 혼자 있었다. 혼자 휠체어도 탈 수 있었고, 밥도 잘 먹고, 기능에는 문제가 없었지만 마음의 문제는 그 친구를 꼼짝도 못 하게 만들었다. 그 친구의 엄마를 두 번 정도 본 것 같다. 그 친구는 가족이 그리웠고, 퇴원하고 나가서의 희망도 필요해 보였다. 눈치도 판단도 빠른 똑똑한 친구는, 정곡도 잘 찔렀다. 어느 날 "할머니는 언니가 이뻐, 오빠가 이뻐?"하고 묻는 것이다. 엄마는 뇌의 어떤 부분을 다친 것인지 필터링 없이 생각한 대로 바로 말을 뱉으시던 한창 그런 때셨다. 지금은 가족들이 훈련을 거듭한 끝에 노력하시지만, 사실 여전하시다. 아무튼 그때 엄마의 워딩은 정확히 이러했다. "응, 오빠가 이쁘지, 얘는 착하고." 그러고는 당황도 하지 않고 나를 빤히 바라보던 그 친구 눈에는, '언니 들었지? 그러니까 적당히 해.' 그런 말이 담겨 있는 것 같았다. 그리고 엄마의 표정은 '그래도 뭐 어쩔 건데 너' 하고 당당했다. 웃을 수밖에 없었던 그때 그 장면이 지금도 생생한 것은, 알고 있지만 그래도 나는 짝사랑을 하겠어, 와 같은 결론이 났기 때문이다. 엄마는 아들을 사랑하는 마음이 눈에 보인다. 아들이 어떤 의미인지, 딸이 없는 나는 잘 알지 못한다. 그저 자식은 이런 거구나, 하고 이제 어렴풋이 그게 다다. 엄마는 아들과 딸이 어떻게 다를까. 저 표현이 다가 아닐 텐데. 정확히 들은 표현이 저것이라 아쉽기만 하다. 역시 짝사랑이 분명하다.

훌쩍이는 뇌신경에만 문제가 있는 게 아니었는지 어느 날 병동을 옮겨 갔다. 그리고 내가 준 책을 다 읽고 돌려준다는 핑계로 내 번호를 알려달라고 했고, 또 어느 날 기저귀가 필요한데 이모가 없다며 전화를 걸어왔다. 그 병동까지 기저귀를 사다주며 나도 이게 웬 오지랖인가 싶었지만 차마 한 병실에서 몇 달을 지내온 정을 떨치지 못해, 그렇게 그 병동까지 몇 번을 다녀왔었다. 그 뒤로 언제 퇴원했는지 연락이 없다가, 우리도 퇴원 후 1년이 지난 시점에 잘 지내냐고 연락이 왔다. "할머니와 나는 잘 지내. 너는 어때?" 여전하다는 그 친구의 답장엔 외로움이 한가득 이었다.

내게 가끔 자신의 가정사를 말하는 이들이 있었다. 대학교 시절, 내게 과외를 받던 한 고등학생은 수업 중에 자신의 가족사를 말했다. 나는 어떻게 반응해야 할지 몰랐다. 그 아이를 상담해 줄 수도, 지금 그 아이가 힘든 부분을 마냥 들어줄 수도 없었다. 나는 나가야 할 진도가 있었고, 내 본분은 수학을 가르치는 것이었다. 그리고 무엇보다 문밖에서 수업을, 우리 이야기를 듣고 계시는 그 학생의 보호자가 있었다. 역할이 어디까지 이루어져야 하는지 나는 늘 헷갈렸다. 내 역할 이상의 것을 요하는 사람들에게 어떻게 대해야 할지는 어려웠다. 나는 병원에서 엄마 간병인으로의 역할을 맡았고, 엄마의 보호만 하면 되었을 상황에 내가 그 친구의 이야기까지 들어주고 싶지 않았다. 어떤 말을 해주어야 하는지도 몰랐다. 사실 들어주기만 바랐을지도 모른다. 지금 삶에 힘들어하는 사람들은 그렇다. 어떤 결론을 내주길, 내가 어떻게 바뀔 수 있게 바라며 말하지 않는다. 그저 지금 힘든 내 마음을 들어주고 알아주길 바랄 뿐이다. 내게 그런 힘듦을 들어줄 것 같은 기운이 있나 보다. 사람들은 누울 자리를 보고 발을 뻗는다. 내가 기저귀를 멀리 타 병동까지 사다줄 수 있는 언니임을 참 잘 알아본다. 내게 그런 능력은 없다. 발을 뻗어본 적이 있던가. 내가 발을 뻗지 않을 사람이라는 것도 다들 참 잘 알아본다.

  세상은 이렇게 돌아간다. 나 같은 사람과 그렇지 않은 사람들이 만나서 적당히. 나는 세상에 필요한 사람이다. 당당해질 필요가 있다. 혹자는 나를 만만한 사람이라고 말할지라도, 나는 나를 좋은 사람이라고 자부하면 그만이다. 세상에 빚쟁이가 되지 말자. 엄마에 대한 짝사랑도 마찬가지다. 내가 주는 사랑을 받을 엄마가 있으니, 그럼 되었다. 엄마도 오빠에게 그런 마음이니 이 세상이 돌아가는 것일 거다.

다만 나보다 타인을 더 사랑하지는 말자. 나를 희생하며 하는 사랑은 누구에게도 옳지 않다. 애석하게도 내가 열심히 타인을 사랑하며 얻은 결론이다. 내 아들에게도 그런 빚쟁이가 되지 않게 나를 더 사랑하는 중이다. 이게 내 아이를 사랑하는 방법이다. 세상에, 우리 가족에 바빴던 엄마는, 엄마를 희생하는 삶을 너무 오래 살았다. 그걸 기쁘게도 아니고 숨 가쁘게만 하며 지내왔다. 왜 적당히 걸러내고 힘든 일, 하기 싫은 일은 내치지 못했을까. 가족의 일이라, 무조건적이었던 건 엄마 스스로 엄마를 더 사랑하지 못해서였다. 본인 위주로 생각이 먼저인 엄마가 요즘 차라리 좋다. 그래 잘하고 있어. 엄마 위주로 그렇게 살자. 그 뇌를 다쳐버렸다면 잘된 일이야. 그게 맞아. 지금부터는 그렇게 살아도 돼.

재활병동 사람들

　우리는 준비를 마쳤다. 재활병동으로 가서 재활치료를 받을 준비 말이다. 심장박동수와 산소 포화도 등을 체크하는 기계. 각종 링거줄, 소변줄, 콧줄, 기도관. 이제 걸리적거릴 어떤 장치도 없다. 산뜻하고 가볍게 병동을 휠체어로 이동할 수 있다. 이 휠체어마저 산뜻하게 날려버리려 우리는 매일 기운차게 재활병동으로 향했다. 물리치료실 스케줄은 오전일 때도 오후일 때도 있었다. 스케줄에 따라 배치되는 선생님도 달라졌고, 호전되는 상태에 따라 전기치료, 기구치료, 로봇치료 등 다양한 치료를 받을 수 있었다.

 재활병동은 신선했다. 아직 모르는 것이 많은 내게 새로운 곳, 그래서 설레는 곳. 엄마도 그럴까. 모자를 씌워주며 이어폰을 챙기며 내가 얼마나 신나 하고 있는지. 설레며 휠체어를 밀고, 힘나서 올라간다.

 재활병동에 들어서면 느껴지는 활기찬 분위기. 혹자는 어수선하여 정신없게 느껴질지 모를 그곳을 나는 활기차다고 표현한다. 오랫동안 병실에 누워 꼼짝 못 하는 환자들과 그와 같이 그 병실에 꼼짝 못 하고 있던 보호자는 새로운 환경이 마치 우리가 마실이라도 나가는 듯 느끼게 해 주었다. 때로는 아프다, 하는 소리들마저도 북적북적한 사람 사는 소리로 들려온다. 다양한 사람들을 만날 수 있는 곳. 재활치료는 사실 생각보다 힘들고 아프다. 한참 안 움직이던 근육을 사용하는 일은 일반인도 힘든 일인데, 환자들은 그 고통이 상당하다. 근육이 아닌 신경을 다친 우리 엄마와 같은 환자들은 의지로 되는 일이 아니어서 근육을 움직이는 훈련처럼 마냥 희망적인 마음으로 재활할 수도 없었다. 하지만 어쨌든 우리는 재활병동을 지겹고 힘든 마음이 아닌 신선하고, 활기찬 곳으로 여기며 다녀왔다.

재활병동 엘리베이터를 타면 다양한 병동의 다양한 환자를 만난다. 우리 병동의 다른 병실 사람들도 재활병동에서 만나면 더욱 반갑다. 그리고 우리 병실에서의 정보만이 아닌 다양한 정보를 얻을 수 있는 곳이라, 엄마는 더욱 총기가 가득한 눈으로 사람들의 말을 듣고 대화를 나누었다. 환자와 그 보호자들. 특히 전문 간병인으로부터 얻는 다양한 이야기들, 특히 장 건강에 관한 식품과 방법의 이야기는 우리 엄마에게 늘 1등 소재였다. 그리고 그곳에서 만난 분에게 다른 재활치료사와 간병사분도 소개받아 엄마 재활에 박차를 가하기도 했다.

이야기는 주로 이렇게 이루어진다. 기립치료실,

전기치료실에서 치료의 고통과 지루함을 이기려 대화를 나눈다. 옆자리 환자와 그 보호자도 같은 마음이다. "어제보다 좋아지셨네요. 저번에 말씀드린 푸른 주스 드셔보니 변보기 어떠세요.", "보호자 1층 푸드코트 밥 비싼데 병원 직원들 식사하는 곳도 있어요. 거기 괜찮으니 드셔보세요.", "저 선생님이 재활치료 베테랑이시래요.", "잘 때 이렇게 한 번 해보세요." 엄마가 아프다고 고만하겠다고 소리칠 때마다 옆에서 엄마를 집중시키는 이야기 소재를 건네주셨던 분들이 지금 생각하니 참 소중한 인연들이었다.

그리고 기립치료실에 계셨던 든든한 서 주임님. 늘 재활치료실에서 힘쓰는 일에 먼저이셨던 기술자 선생님. 늘 웃는 얼굴로 맞아주셨고, 기운차게 해주셨고, 건강함이 느껴지는 그분의 몸과 마음에서 우리는 기를 받았다. 매일 환자들을 치료해 주시는 선생님들은 본인의 건강에 더욱 신경을 기울일지도 모른다. 그리고 단지 신경만 쓰는 것과 실천을 하는 것에는 많은 차이가 발생한다. 내게 그분의 전화번호가 어떻게 있는지 기억나지 않지만 서 주임님의 카톡 프로필에는 언제나 등산을 열심히 하는 그녀의 모습이 담겨있다. 지금도 건강히 잘 계시는구나. 늘 그 모습에 감동받는다. 한결같음을 실천하시는 분. 그분이 그 자리에 계셔서 든든한 사람들이 많을 것 같다.

  그리고 우리 김지혜샘. 전기치료실을 지키시던 선생님은 입담이 좋으셔서 설득과 타협의 기술로 치료를 이끄셨다. 지루하지 않게 치료 중에 환자와 늘 대화하셨고, 특유의 유머와 칭찬은 늘 환자와 보호자를 기분 좋게 해주셨다. 엄마는 "우리 지혜샘, 지혜샘"하며 손을 흔들며 좋아하셨다. 어디서나 친화력은 중요한 일이다. 서로가 서로를 좋아하는 마음은 통한다. 아이나 어른이나 자기를 좋아하는지는 대번에 알 수 있다. 병원에 우리 편이라도 생긴 것처럼, 그 마음이 더욱 고맙고, 기쁘게 느껴졌다. 우리를 좋아해 주는 선생님이라니.

우리는 선생님이 너무도 좋을 수밖에 없었다. 그 눈빛이 생각난다. 우리가 나누었던 수다들이 참 예쁘고 감사하다.

자신이 가진 달란트를 잘 사용하는 것은 중요한 일이다. 내가 가진 달란트를 알지 못하는 사람도 많다. 나 또한 나의 달란트를 찾고 있다. 서 주임님이 갖고 계신 우직함은 기둥처럼 단단하여 우리를 든든하게 해주셨고, 지혜샘이 갖고 계셨던 친화력의 달란트는 환자들을 은근함의 기술로 이끄셨다. 내가 가진 장점을 발휘하여 타인을 긍정의 방향으로 이끄는 일. 나는 그런 사람이 되고 있을까. 일에서나 가정에서나 타인과의 관계에서나 나는 나를 발휘하고 살고 있을까. 병원에서 엄마와 함께 보내던 간병인의 삶에서는 느끼지 못했던 부분들이 지금 글을 쓰는 중에 새롭게 느껴진다. 그때 그런 달란트를 지니셨던 분들이 그곳에 계셔서 또 감사하다.

또 우리의 치료 담당샘, 박창주 선생님. 베테랑

선생님이셨던 그분은 재활실에서 꽤 고참이신 것 같았다. 가장 안쪽 방에 계셨던 그 선생님께 가는 길 복도로, 늘 선생님은 앞 타임 환자와 함께 마중처럼 나오신다. 치료 순서의 마지막은 환자를 걸리는 치료이다. 우리의 목표는 걷는 것이다. 그 목표를 향하는 길은 고통이 함께한다. 고통스러운 소리와 표정의 환자분과 함께 등장하는 선생님은 "주정숙님 오셨어요? 안에 들어가 계세요."하고는 그분께 다시 고통을 선사하셨다. 엄마와 나는 이미 치료를 시작하기도 전부터 들어오는 길목에서 한숨을 쉬며 마음의 준비를 해야 한다. 저것이 곧 우리의 미래이다. 그리 길지 않은 30분 후의 미래를 미리 보는 일은 너무도 달갑지 않다. 아무리 마음의 준비를 하여도 나오는 아이고 아이고 소리, 어쩌면 아직 당도하려면 20분도 넘게 남은 시간을 생각하며 미리부터 누워서 하는 스트레칭에 엄마는 아이고 준비를 하고 계신다. 엄살이라고 생각하지만 또 엄살이 아닐 수도 있다. 참을성을 많이

다치신 게 분명하다고 생각이 들 만큼 겨우 이것도 아프다고, 겨우 이것도 힘들다고? 선생님과 나는 엄마를 달래도 보고, 다그쳐도 보고, 협박도 해보고, 강제적으로도 해보고 아무튼 애를 쓸 만큼 썼다. 엄마의 소리는 그만큼 더욱 커졌다. 떠내려가게 소리 지르는 엄마가 놀랍기도 했지만 창피함이 더욱 컸다. 가장 안쪽 방에서 나는 소음에 밖에서는 대체 뭘 하는 건가, 궁금하기도 했을 거다. 뭐 별거 안 했다. 그냥 스트레칭이고 걷기 연습이다. 기립치료나 자전거를 탈 때 나는 것과는 차원이 다른 소리 지름에 선생님도 엄마를 애 다루듯이 하셨다. 선생님 앞에서 더욱 애처럼 칭얼거리시는 엄마가 나는 이해가 가지 않았다. 그렇게 아픈 건가 싶다가, 그렇게 무서운 건가 싶다가, 그렇게 하기 싫은가 싶다가, 어쨌든 참을성과 의지력이 0에서 10까지 범위라면 0.5 수준인 엄마가 내 마음을 처참하게 했다. '우리 이렇게 해서 어떻게 한담. 걸어서 나갈 수 있을까. 평생 휠체어를 타야 하겠구나.' 한 번씩 다른 선생님께 치료를 받아보아도 엄마는 마찬가지였다. 어쩌다 조금 더 어려 내공이 아직 없으신 선생님들은 엄마의 고래고래에 얼굴을 붉히시며 어쩔 줄 몰라 하셨다. '요놈아 내가 그런다고 하나 봐라.'하고 놀리듯 엄마는 일부러 더 5살 아이처럼 행동했다. 창피함은 고스란히 나의 몫이었다. 엄살 부리는 아이를 둔 엄마와 같은 마음이었다. 애들도 그렇게 고래고래는 안 한다. 어느 날은 선생님께 "나 욕해. 욕한다." 하시며 반말을 쓱쓱 하시는 거다. 엄마한테 못 들을 소리를 들은 박창주 선생님이 차라리 더 크게 화내 주셨으면 했다. 난 차마 고개를 들 수 없었다. 재활치료사라는 직업은 참으로 고된 일임을, 누군가에게 고통을 주는 일을 하면서 이것은 주정숙님을 위한 일이라고 마음을 다잡을 그 일이 위대하고도 존경스러웠다. 소명 의식이 없으면 안 되는 일이 세상에 많다. 우리 주치의 선생님이 보여주셨고, 간호사 선생님이 보여주셨고, 또 치료실 선생님들이 그러셨다. 나를 위한 고통은 참을 수 있지만, 타인을 위한 고통을 함께 견디는 것은 치료사나 간병사나 모두 힘든 일이다. 나 또한 얼마나 대단한 버팀을 하고 있었는지, 그 당시 나의 하소연을 전화로 들어주던 친구는 알고 있다.

엄마와 돌아오는 재활병동과 외과병동의 지하 연결통로에서 우린 참 많이 싸웠다. 엄마가 내 새끼처럼 '예뻤다, 미웠다.'를 반복하며 지지고 볶고의 연속. 하지만 우리는 그 지하 연결통로를 매일 지나야 했다. 그게 엄마와 나의 할 일이었다. 그 일을 잘하고 있는 건지 의심이 드는 순간이 많아졌고, 내가 간병하고 있는 것이 맞나 하는 의문도 생기기 시작했다. 전문 간병사분이라면 다른 노하우로 환자를 다룰 수 있을까. 내가 가족인 것 자체가 재활의 걸림돌일까. 더 독하지 못한 나였기에, 아쉬울 것 없는 엄마였기에 그런 걸까. 결단이 필요한 시점이 한 번 더 찾아왔다.

신부님을 모셔다오.

　엄마와 나는 긴 터널에 들어선 것 같았다. 싸우고, 울고, 소리치고를 반복하며 재활의 터널에서 걸음마를 하고 있었다. 빛이 보이는 건지 아닌지, 엄마가 하도 악다구니를 써서 조금만 더 가면 뚫린 길이 나온다고 말해주기도 싫었다. 처음 점점 상태가 좋아지는 엄마가 '이쁘고, 대견하던' 단계에서, '미웠다. 이뻤다.'를 반복하는 단계에서, '밉다. 밉다.'하는 단계까지 왔다. 엄마도 "너 필요 없어. 집에 가. 다른 간병사님 모셔 와. 가. 이기집애야."라고 말하는 단계였다. 우리는 서로에게 상처도 많이 주었다. 내가 친구와 밤마다 울며 통화할 때, 엄마도 아빠에게 하소연하고, 오빠에게, 병실 사람들에게 힘듦을 아무리 말하여도, 그래도 사실은 소용이 없었다. 우리는 지금 앞이 잘 보이지 않은 터널 속에 있었기에. 그럴 수밖에 없었다.

그러던 어느 날, 엄마는 내게 "신부님을 모셔다오. 병원으로 신부님을 모셔다오."하고 말했다.

우리 아파트에 엄마와 친하게 지내던 반장님. 지금 나의 대모님이시다. 대모님한테 부탁하면 신부님을 모셔 올 수 있다고 말이다. 우리가 터널의 어디쯤인지 신부님은 아실까. 우리를 터널 밖으로 끄집어내 주실 수는 없지만 빛을 볼 수 있게 계속 눈을 똑바로 뜨고 걸음마 할 수 있게 해주실 수 있지 않을까. 정말 지푸라기라도 잡는 심정이 그런 거였을 거다. 엄마는 이제 엄마 자신, 나, 우리 가족. 그 어떤 것에도 의지할 수도, 믿고 갈 수도 없어, 의지할 새로운 대상을 찾아내신 것이다. 예전에 나는 그랬다. '나는 나를 믿어. 나를 믿는데 내가 못 할 게 뭐가 있어, 모든 것은 내 의지의 문제야.'라고 말이다. 그렇지만 엄마는 이제 엄마의 의지로 되지 않는 일이 생겨버렸다. 도저히 스스로 감당할 수 없는 일에 닥쳤을 때, 그땐 다른 무언가에 의지하는 게 맞다. 엄마는 또 똑똑하게 앞으로 나아갈 길을 찾고 계셨다. 내가 좋아하는 우리 엄마는 해답을 찾아, 자신을 다잡으려, 다잡아줄 하느님께 의지하기로 하셨다.

대모님은 바로 신부님을 모셔 오셨다. 신부님의 기도가 들리지는 않았지만 신부님의 음성은 내게 위로였다. 엄마는 똘망똘망하고 순수한 눈으로 신부님의 기도를 귀담아들으셨다. 신경 쓸 것이 너무 많았던 나는 그 내용을 귀담아들을 수 없었지만 엄마의 간절한 표정과 신부님의 음성에 눈물이 터져버렸다. 그제야 엄마가 얼마나 힘든지 진짜 알았던 것도 같다. 엄마가 얼마나 힘들면 신부님을 모셔달라고 했을까. 저 진지한 표정은 무얼 바라는 걸까. 편하고 싶은 걸까. 잘해보고 싶은 걸까.

마치 구원을 바라는 사람처럼 엄마는 신부님 앞에서 순한 양의 모습을 하고 있었다. 악다구니를 쓰던 엄마가 저런 모습일 수 있음에 신기하고 놀라면서도 안쓰러웠다. 간병인 주제에 어디 환자의 힘듦을 알겠니 싶은 그 모습. 함께 힘들고 있다고 하기엔, 그래, 환자의 고통에 내가 비할 바가 아니었다. 나는 엄마를 안쓰럽게 여기며 가기로 했다. 그리고 나의 마음을 들여다보기로 했다. 함께 오신 수녀님은 엄마뿐만 아니라 나의 눈물에 마음 아파하셨고, 내게 성당에 나와 기도하라고 하셨다. '내가 성당에 갈 수 있을까. 엄마와 함께라면 참 좋겠다.' 싶었다. 그날을 생각하며 나는 미리 감사하기로 했다. 나와 엄마는 오랜 냉담을 풀고, 그렇게 다시 천주교 신자가 되었다. 주정숙 요안나, 박윤진 크리스티나는 하느님이라는 든든한 뒷배를 갖고 다시 재활병동을 오갔다.

컬투쇼와 출발

 우리는 다시 기운차게 재활병동을 오갔다. 힘든 와중에 즐거움을 잃지 않으려 애썼다. 한 번씩 병실 끝에 있는 휴게실 TV를 시청했고, 특히 '신동엽, 성시경의 오늘 뭐 먹지?'는 엄마와 내가 좋아했던 프로그램이었다. 요리를 잘하시는 엄마는 본인이 직접 해서 먹는 밥이 드시고 싶다고 했다. 병원 밥도, 한 번씩 아빠가 사 오시는 외부 음식도 엄마가 직접 해서 드시던 그 맛을 채우지는 못하였다. 나 또한 엄마의 음식이 그립다. 지금도 엄마가 하라는 대로 해도 그 맛 그대로는 아니어서 하고 싶지 않기도 하다. 엄마의 손맛 재연은 나보다 오빠가 더 낫다. 오빠는 요리에 확실히 소질이 있어서, 집에 가서 아빠와 둘이 먹는 밥이 적적하지 않게 맛으로 채워주었던 것 같다. 엄마의 맛이 그리울 땐 오빠의 밥이다.

그리고 운동을 하지 않는 대부분의 시간을 엄마와 나는 라디오를 들었다. 특히, 컬투쇼는 우리에게는 치유와도 같은 프로그램이었다. 웃음은 최고의 치료제이다. 엔돌핀이 팍팍 돌게 하는 재미있는 사연들이 어떤 약보다 나았다. 그리고 엄마는 그 이야기를 듣고 그대로 다른 사람들에게 반복해서 이야기했다. 엄마는 컬투쇼 이야기보따리를 장착하고 우리 병실과 재활병동에서 만난 사람들, 간호사 선생님들, 심지어 주치의 선생님께도 서슴없이 보따리를 푸셨다. 나는 엄마의 기억력과 재현력이 신기하고, 본인이 더 재밌어하는 그 모습이 귀엽기도 하여 말릴 수가 없었다. 그렇게 신나서 그리고 자신감이 넘쳐서 재능을 뽐내는 엄마를 보는 나는 내가 지금 내 아이를 바라보는 모습과 너무도 닮아 있었다. '내 새끼 잘한다. 잘한다.' 딱 그것처럼 예뻐 죽겠는 내 표정을 아는 이들은 알았을 것 같다. 그 바쁘고 시간에 쫓기던 주치의 선생님도 엄마의 이야기를 들어주셨다. "선생님 제가 재밌는 이야기 하나 해드릴까요?" 이런 환자가 있었을까. 당황하는 간호사 선생님과 인턴 선생님들을 뒤로 하고 이재환 선생님은 "빨리해 보세요."라고 대답하셨다. 뇌수술을 한 환자가 얼마나 언어력이 있는지도 판단하고 싶으셨을 거다. 하지만 아무리 객관적으로 생각해 보려 하여도 엄마에게 애정 어렸던 선생님의 마음을 나는 간파했다. 선생님의 반응은 엄마만큼이나 귀여우셨다. "네, 재밌네요." 담백한 칭찬이 우리를 감동케 했다. 선생님이 병실을 나가시고 병실 안 사람들은 다들 웃었다. 가만히 들어주셨던 선생님이 모두들 신기했고, 이야기를 다 마친 엄마도 뿌듯해 했고, 혼나지 않고 잘 전달한 안도감에 난 또 엄마가 대견했다.

우리와 같은 사람들이 많을 것이다. 지금을 잊기 위해서이기도 혹은 지금의 건재함을 과시하기 위해서도 우리는 즐거움을 계속 찾고 또 전달한다. 엄마가 보여주고 싶었던 것이 그것이고, 컬투쇼 같은 프로그램이 존재하는 이유일 것 같다. 세상에 꼭 필요한 것. 어떤 순간에도 내가 잊지 말고 살아야 하는 것. 그것이 뭔지 병원에서 더 알게 되었다.

 그리고 우리에게 필요한 또 한 가지는 바로 노래다. 우리 식구들은 노래를 좋아한다. 아빠의 영향일 것이다. 우리 가족은 초등학교 때부터 성인이 되어서도 노래방을 함께 자주 갔다. 아빠는 노래를 가수처럼 잘하셨고, 어린 시절 노래를 하며 아르바이트도 할 정도였다고 했다. 그런 아빠 앞에서 노래하는 것은 반은 심사였으므로 우리는 평소에도 준비 아닌, 준비를 했다. 오빠와 나는 다양한 노래를 들으며 각자에게 잘 맞는 노래를 선곡해서 불렀다. 생각해 보니 오빠와 어릴 때 좋았던 기억은 함께 노래를 들으며 랩과 노래를 나눠 불렀던 시간이다. 그렇게 서로의 영향을 받아 다양한 노래를 즐겨 들었던 우리 가족은 병원에서도 노래를 많이 들었다. 내 플레이리스트에 있는 노래를 엄마와 함께 이어폰을 끼고 들었다. 엄마는 평소에 내가 듣던 노래 중에 김동률의 '출발'이라는 노래를 좋아하게 되셨다. 엄마와 나란히 엄마 침대에 기대 누워 이어폰을 나눠 끼고 노래를 들었던 그 순간을, 나는 참 여유롭고 좋았던 기억으로 갖고 있다. 몸만 불편하지 않았다면, 병실만 아니었다면 좋았겠지만 엄마가 몸이 불편하지 않았고, 병실이 아니었다면 없었을 그 순간들이 내겐 위안이자, 그때를 아름답게 기억하는 이유이다. 그런 기억들이 병원 생활 전체를 미화시키기도 한다. 그래서 인생은 순간순간 그러한 기억을 자주 가질 수 있도록 즐겨야 한다. 힘든 상황 속이어도 그러한 기억이 순간순간 자리 한다면 전체가 미화될 수 있다. 그때를 견디는 힘은 바로 그것이다. 눈물 나게 감사한 그 순간이다. 지금을 살면서도 나는 그 순간들을 만들고 있을까. 나중에 기억할 수 있는 그 순간들이 지금도 일어나고 있다. 감사한 순간들이, 내가 기억하지도 못할 지나고 보니 감사한 순간들 속에 나는 살고 있다. 내가 이런 마음이라서 감사하다.

밥 반 공기, 계란국 한 대접

일반식을 드시기 시작하고 누구보다 신이 난 사람은 나였다. 엄마와 함께 식사를 할 수 있었기 때문이다. 엄마가 콧줄로 죽도 미음도 아닌 캔 음식을 섭취할 때, 나와 간병사님이 하는 일반식이 얼마나 드시고 싶었을까 그랬다. 사실 엄마는 뭐 먹고 싶으신 생각도 그때는 없으셨을 것이지만 그래도 나는 간병사님이 아닌 엄마와 식사를 함께 하고 싶었다. 드디어 우리에게도 그런 시간이 왔고, 나는 엄마와 함께 식판에 밥을 받으면 감사합니다, 하며 신이 났다.

병동에 식판을 가득 실은 식사차가 들어오고, 병동 끝 방부터 한 바퀴 빙 식사차가 돌면 병동은 음식 냄새로 가득 찬다. 냄새가 나기 시작할 때부터 병실 안은 식사 준비에 들어간다. 전문 간병사 님들은 그 전부터 준비를 마쳐두시기도 한다. 병동마다 있는 탕비실 전자레인지는 이미 만원. 세 개의 전자레인지는 바쁘게 다음 음식이 대기 된 채로 열일을 한다. 보호자들은 저마다 자기의 냉장고에서 반찬과 밥을 꺼내 데우고, 식판이 오면 먹을 반찬과 안 먹을 반찬을 구분한다. 환자와 보호자의 반찬은 교환되고, 심지어 옆자리 환자, 그 보호자의 것과도 교환된다. 이것은 우리처럼 한 병실에서 오래 지낸 사이끼리 가능한 일이기도 하다.

 엄마는 밥은 반 공기만 드셨고, 나머지 반 공기는 내 차지였다. 엄마는 주로 나물 반찬을 좋아하셨다. 그 대신 내겐 소시지 같은 반찬이 남았다. 엄마는 특별히 좋아하는 국이 있진 않았지만 싫어하는 국은 있었다. 바로 계란국이다. 비릿한 맛이 난다는 계란국을 엄마는 세상 맛없어 하셨고, 끓이는 사람만 편하고 좋은 쉬운 국이라면서 병원 식사에 나올 때마다 오늘 조리사님들이 일 안 한 국이라며 불평을 하셨다. 모든 반쪽뿐인 밥과 반찬을 먹던 내게 유일하게 온전한 한 대접은 이 계란국이었다. 아침 식사로 나는 계란국이 나오면 은근히 좋아했다. 반 공기가 모자라지도 않았고 아침 식사로 알맞았다. 점심 식사로 아빠가 교대해주어 또 온전하게 내가 먹고 싶은 밥을 골라, 편하게 식사할 수 있었다. 점심 식사에 나오는 계란국 또한 온전히 아빠 것이었다. 우리도 계란국을 싫어했더라면 그 국은 버려졌을 것이다. 엄마에게 호불호가 있다는 게 나쁘지 않았다.

절대적으로 안 좋아하는 무언가. 절대적으로 좋아하는 무언가가 존재하는 엄마는 환자로, 뭐든 다 그럭저럭 나쁘지 않아하는 나는 보호자로 제격이었다. 무난하다는 것. 어딘가에 놓였을 때 절대 못하지 않는 것. 나는 왜 무난할까. 그다지 좋지 않았던 나의 성향이 그곳에서는 살만했다. 나이기에 가능했던 1년 7개월의 병원 생활이었다. 밥 반 공기도 적당하고, 온전한 계란국 한 대접도 좋은 무난한 나. 나는 어디서든 적당히 잘 지낼 수 있을 것 같다는 생각이 들었다. 그런 묘한 자신감은 내가 병원 생활을 하며 얻은 것 중 하나일지 모르겠다.

권사님의 김치찌개

　몇 달간 우리 앞자리를 지키셨던 환자분은 그분보다도 보호자가 개성이 강했다. 사실 두 분 다 개성이 있으셨지만 보호자님과 더 대화를 많이 나누었던 터라 그분이 생각이 난다. 그분은 권사님으로 불렸고, 환자분과 교회에서 만난 사이였다. 권사님은 간병인과 보호자 사이의 신분으로 병원에 계셨다. 집에서도 환자분을 케어해 주셨던지라 집안 살림이며 가족들이며 권사님의 영향이 미치지 않는 곳이 없는 듯 해 보였다. 적당히 이모처럼 여기고 사시는 가부다 하고 생각하다가 또 가만히 들어보니 돈을 받고 일하는 사이니 마냥 그런 격이 없는 사이일 수는 없는 것 같았다.

 권사님의 환자는 처치실로 자주 옮겨 갔다. 관장을 해서 변을 보셨기에 5인실 식구들을 위한 그분들의 배려였다. 우리 엄마는 그때마다 손을 흔들며 순산하고 오라고 배웅해 주었다. 엄마의 쾌활함이 돈 문제로 늘 머리 아파, 웃지 않는 그 환자분께도 통했는지 우리에게만은 웃으며 얘기하시곤 했다. 권사님은 그런 우리에게 호의적이었고, 오래도록 병원에서 지내는 우리를 신기해하며 꼬치꼬치 물으셨다. 그럴만해서 그렇다고 대답하고는 우리도 어떻게 이렇게 병원에서 오래 지낼 수 있는지 알 수 없다고 말했다. 선생님이 딱히 나가란 말씀을 안 하셨다. 우리는 걷게 되면 나가자 하는 마음이었고, 선생님도 그때까지 배려해 주시는가보다 했다. 우리처럼 병원에 오래 지내는 환자가 또 있었다. 문성이네, 성민이네는 우리보다 더 오래 전부터 병원에 있었다. 다들 그럴만한 이유가 있겠지 하며 묻지 않는다. 하지만 권사님은 우리가 마치 이 병원에 뭐라도 있어서 그런 건지 궁금해 하셨다. 세상의 돌아가는 것을 모두 알고자 하시는 권사님은 궁금한 것도 아시는 것도 참 많으셨다. 어디서도 생존 가능할 것 같은 그분은 어느 틈에 김치찌개를 끓여와 엄마에게 좀 드셔보실려? 하며 덜어주셨다. 엄마는 권사님의 김치찌개 냄새만 맡아도 입맛이 도셨다. 병원의 심심한 음식들을 먹다 보니 권사님의 김치찌개는 환상적이었다. 사실 밖에서 먹었어도 맛있었을 권사님의 김치찌개가 전자레인지 요리라는 게 참으로 신기했다. 작은 체구에 빠른 손놀림, 혼자 구석에서 뚝딱뚝딱, 어디로 사라졌다 오셨다를 반복, 참으로 바쁘셨다. 내공 가득한 권사님네의 병원 생활을 보고 있자면 권사님이 참으로 신기한 요술 단지처럼 느껴졌다.

함께 병실에서 지냈던 시간이 꽤 지났을까. 어느 날 권사님은 우리 아빠에게 쓱 여쭤보셨단다.

"돈을 좀 빌릴 수 있을 까요." 하고 말이다. 세상에 내가 만나 보았던 사람들 중에 참으로 신기한 몇 분 중 한 분이다. 밉지도 않은 그 분은 또 지금 어떻게 살고 계실까 궁금하다. 저마다 자기가 살아 온 시간도 다르고, 환경도 다르다. 어떻게 살아왔는지 지금 이 사람이 사는 방식은 그냥 온 것은 아니다. 발달되는 것도 달라질 것이다. 내가 병원에서 뭘 보고 있고, 어느 부분이 발달하고 있고, 퇴화하고 있는 지 모를 일이었다. 남의 집 생활을 그렇게 가까이서 본 것도 처음이요, 지금 와서 보니 다양한 사람들을 보면서 그래서 그러셨구나. 그럴 수 있겠구나의 이해의 폭이 넓어진 것 같다. 그러면서 무난 무난한 내가 더 무난 무난의 길로 들어서며 다 저마다 이유가 있겠지 하면서 모두를 이해하려 들게 된 것 같다. 이해받지도 못하면서 혼자 이해해 주면 결국 나는 곪는다는 사실은 또 몰랐다. 나를 갉아내면서까지 하는 이해는 아니다. 그저 한 발 멀리서, 앞자리 침대 커튼 너머의 요술 단지를 바라보는 것 까지다. 그 단지를 품으려 했다간 다친다. 그러고 보니 병원에서 사람들을 대하는 것처럼 모두를 대한다면 편하겠다. 내 바운더리와 그 너머의 확실한 구분 말이다. 확실한 바운더리가 여전히 필요하다. 내 자신에게.

이동반과 변신하는 간병인

 병원에 이동반이라는 분들이 있다. 병실에서 검사실로, 또는 재활치료실로 이동에 도움을 주시는 분들이다. 휠체어에 옮겨 태워 이동하거나 중환자는 침대 채로 이동하기도 한다. 기술을 갖고 계시는 분들. 그리고 병원의 지리를 잘 아시는 분들이다. 이분들은 연보라색 상의로 구분이 된다. 그래서 어디로 가려면 어떻게 가야 할지 그분들께 물으면 바로 답이 나온다. 지금은 무슨 색 옷으로 바뀌었는지는 모르겠다.

 우리가 재활병동으로 갈 때 그분들이 필요했다.

처음 휠체어에 앉을 때는 두 분이 필요했고, 시간이 조금 흐른 뒤에는 한분이면 되었다. 처음 보는 분도 있었고, 자주 보는 분도 있었다. 특히 우리 엄마를 좋아해 주시는 분이 생겼고, 빨리 눕고 싶어 급한 우리 엄마에게 달려와 주시는 분이 참 고마웠다. 우리가 부르면 거의 오시는 분 중 학생 신분으로 아르바이트를 장기로 하였던 분이 있었다. 나보다 한참 어렸던 그분은 가끔 내게 복학을 고민하는 상담도 할 만큼 자주 보게 되었다. 우리가 퇴원할 무렵 작은 꽃바구니와 편지를 주었던 세심했던 그 분께 감사의 인사를 못하고 말았다. 진심으로 감사했음을 늦었지만 전한다. 진로와 생계 앞에 고민 많았을 그 시기에 더 진지한 대답을 해주지 못했던 건 나의 조언이, 조언이 아닌 선택이 되어버릴까 조심스러웠기 때문이다. 선택은 사실 자신의 마음에 물어 해야한다. 타인의 권유나 조언에 의한 선택은 그 책임을 타인에게 돌리고 만다. 착한 그 마음 누군가에게 휘둘리지 않고 자기 인생을 잘살고 있기를 기도한다.

 연보라색으로 구분되는 누군가처럼 소속을 밝혀주는 다른 옷들도 있다. 전문 간병인 선생님들은 또 옷이 달랐다. 유니폼이 있는 분들은 회사 소속인거다. 유니폼이 없으신 분들은 소속 없이 직접 프리랜서로 일하시는 것이고. 회사는 세 군데가 주요한 곳이어서 유니폼도 거의 세 가지 색으로 구분되었다. 그러다 아는 얼굴이 생기고 어느 날은 분홍색 유니폼이었던 분이, 에메랄드색 유니폼을 입고 나타나시기도 했다. 엄마와 내게는 그런 부분도 소재거리요. 재밌는 세상에 와 있는 것 같았다. 그분들이 사는 세상은 어떨까. 어느 때는 분홍색 유니폼을 입고, 재활병동에 계시다가, 어느 때는 에메랄드색 유니폼을 입고 신경외과 병동에 계신다. 동에 번쩍 서에 번쩍 일을 잘하시니 가능한 일이기도 하며, 다른 병원으로 가시느니 적응된 한 병원에서 이렇게 저렇게 일자리를 구하시는 것도 영리한 일이다. 환자를 따라가는 간병인도 물론 많다. 환자가 옮겨가는 병원으로 함께 짐을 꾸려 간다. 그러면 그곳의 새로운 병실 분위기를 익히고 그 문화를 따르고 또 적응하는 과정을 매번 겪는다. 누구보다 적응력과 사회성이 필요한 직업이며 환자와 보호자, 간호사, 의사 선생님과의 소통과 눈치가 중요한 일이다. 그런 일들을 중국인, 연변분들이 할 때면 가끔 답답한 일들도 일어난다. 일부러가 절대 아닌 일들을 나는 수시로 보았다. 그리고 환자보다 그 간병인을 고용한 보호자가 더 화내는 모습을 보며 또 한방에서 잠들고 밥 먹는 동료로서 간병인의 편에 마음이 기울기도 했다. 숙식을 제공해 주는 이 일에 감사히 받아든 일자리일 수도 있겠지만 잠을 쪼개가며 또 온 신경을 쏟아가며 내 몸을 쓰는 이 일을, 나는 감히 나의 건강을 환자에게 바치는 일이라고도 말한다. 간병은 아무나 하는 일이 아니다. 만약 이 일을 진정 오래 하는 사람이라면 사랑이 있거나, 나의 건강을 바치지 않는 겉으로만 하는 보여주기식 보호이다. 몸을 보호하고 정신을 바치는 사람도 있다. 그것 또한 위대한 일이다. 이 위대한 일을 하는 분들이 더 건강하길, 샘솟는 건강함으로 환자를 보호하며 자신도 보호받길 바란다.

미안한 커튼

　우리는 엄마가 옷을 갈아입거나 소변을 볼 때, 주형 샘이 운동을 시키실 때, 내가 잘 때 빼고는 거의 커튼을 치지 않는다. 커튼을 걷어 놓고 생활하는 것은 언제고 들이닥치시는 주치의 선생님에 대한 준비 자세와도 같았다. 커튼을 주로 치고 생활하는 환자도 있지만 대부분은 답답하여 걷어놓고 있다. 그래야 창으로 들어오는 빛을 받을 수 있으며 다른 사람과도 대화하며 지루한 병원에서의 삶에 활기를 줄 수 있다. 아주 조금이나마 말이다.

　그런데 우리가 유일하게 커튼을 저 상황이 아

닐 때 치는 경우가 있다. 아빠가 형제갈비에서 갈비를 사 오시는 날이다. 엄마는 직화로 구워온 이 숯불갈비를 좋아하셨다. 아빠는 엄마가 원하는 것이라면 뭐든 사다 주실 기세였으므로 이까짓 고기 먹고 싶을 때마다 얘기하라며 신나서 포장해 오셨다. 그런데 숯불갈비가 말이다. 옷에도 금방 배기 마련인 이 숯불고기의 냄새는 저기 엘리베이터가 열리고 아빠가 내리자마자 나기 시작했다. 최대한 봉지를 묶어 가져와도 병실에서 봉지를 풀자마자 퍼져버리는 냄새. 우리는 미안하지만 커튼을 치고 먹을 수밖에 없었다. 지금 생각하니 참으로 이기적인 이 행동에 부끄럽지만 우리는 그 당시 엄마 먹일 생각에 얼굴에 철판을 깔았다. 나는 안 먹어도 엄마는 먹이고 싶고, 아빠는 오빠가 제육볶음도 자주해 주고 가서 먹으면 된다며 처음엔 입도 안 대셨다. 그러다 어느 날부터 아빠와 나도 먹을 만큼 푸짐하게 사 오셔서 커튼을 치고 우리만의 외식 시간을 갖게 되었다. 진짜 외식은 언제 할 수 있을까. 그저 그렇게라도 우리가 함께 외식을 하는 시간에 감사하기도 했다. 여유 있게 사다 줄 수 있는 아빠에게 감사했고, 우리한테 호통치거나 싫은 소리 하는 사람 없는 병실에 감사했다.

간혹 치킨이나 피자를 사다 드시는 다른 분들도 있으셨는데 우린 그 마음을 누구보다 잘 알기에 기꺼이 편히 드시게 자리를 피해 주기도 했다. 아마 다른 분들도 그러셨던 것 같다. 우리는 다른 사람들이 배려해 주는 우리만의 공간에서 그렇게 외식을 했다.

그 뒤로 한참 뒤, 엄마는 외출을 허락받아 형제갈비에 직접 가서 불판에서 굽자마자인 고기를 바로 드실 수 있었다. 외할머니를 만나는 상황이었고, 엄마는 병원에서가 아닌 형제갈비에서 할머니와 만났다. 할머니도 편찮으셨기에 요양병원에서 나오신 할머니와 대학병원 앞 숯불갈비 집에서 갖는 엄마와의 상봉이 우리가 할 수 있는 최선의 미장센이었다. 나는 엄마를 위해 털모자를 샀고 오랜만에 외출복을 입혀주었다. 내 박시한 니트와 목도리, 잠바가 엄마에게 꽤 잘 어울렸다. 그건 그때부터 엄마의 것이 되었다. 나는 엄마를 위해 내 것을 다 내어줄 수 있었다. 할머니와의 만남보다도 엄마의 첫 외출이 긴장되고 설렜던 것 같다. 할머니는 환자복을 입고 누워있는 엄마를 보는 충격 대신 휠체어에 탄 엄마를 만났다.

요양병원으로 반찬을 싸 오는 유일한 자식인 엄마가 병원에 오지 않자, 이상하게 생각하셨을 거다. 이모와 삼촌은 할머니가 충격받으실까봐 엄마가 미국에 갔다고 했단다. 그것 또한 할머니는 서운하다 생각하다 또 이상하다 생각하셨을 것이다. 그런 딸과의 조우가 자신의 요양병원이 아닌 갈비집이라니. 휠체어를 탄 엄마는 오른손만 쓸 수 있었고 다행히 말을 할 수 있었다. 그전과 다른 목소리로 말이다. 그런데 할머니는 이 상황이 어리둥절하여 오히려 그리 충격을 받지 않으셨다. 자신도 기운이 없어 휠체어를 타셨기에 그리 이상하게 생각하지 않으셨을 수도 있다. 파킨슨 병이셨던 할머니는 지금 엄마의 모습과 상황이 선뜻 받아들이기 어려우신 것 같았다. 물론 할머니도 오랜만인 외출에 힘들고 본인의 아픔이 더 신경 쓰이셨을 것이다. 함께 온 삼촌도 덩달아 그랬다. 우리는 할머니와 엄마 둘을 번갈아 살피며 코로 들어가는 고기의 맛을 하나도 느낄 수 없었다. 그저 엄마와 할머니가 맛있게 드시나 불편하진 않나, 지금 상황이 괜찮나를 연신 살피기만 했다. 휠체어를 타고 만났으나 그리 울고불고 하지 않고 고기를 드시는 두 모녀가 아무튼 참으로 신기할 일이다.

  집으로 돌아온 우리는, 우리 병실로 말이다. 진짜 집처럼 편안함을 느끼며 휴식을 취했다. 나는 외출을 무사히 마치고 돌아옴에 안도했고, 그제야 배가 고픈 것도 같았다. 엄마 또한 우리끼리 이 공간에서 먹는 갈비가 더 맛있게 느껴졌으려나. 미안한 커튼은 그렇게 퇴원 때까지 계속 되었다.

이상진 어르신 댁

 우리와 병원에서 가장 오랫동안 한 병실에서 지냈던 환자분이 계시다. 이상진 어르신. 2인실에서 이웃으로 지내다 우리가 5인실로 먼저 옮겨 오고, 그 뒤로 우리 병실로 오셨다. 의식은 있으셨으나 거의 주무시거나 눈을 감고 계셨고, 듣고는 계신 것 같았으나 말씀은 하지 못하셨던 고령의 환자분이다. 콧줄에, 석션에 아직 달고 계신 것들도 많고 재활도 하시지 못하는 여든에 가까운 어르신이셨기에 5인실로 모시는 데 가족들은 고민이 많았을 것 같다. 우리는 한 번도 그 분과 눈 맞춤을 제대로 한 기억이 없지만 환자 중에 이름을 가장 또렷이 기억하는 분이다.

그분의 간병인은 집에서부터 환자분을 케어해 주셨던 분으로 어딘가에 소속된 간병인은 아니었지만 고용된 간병인은 맞으셨다. 하지만 꽤나 살뜰하게 환자분을 모셨다. 꼭 "이상진 어르신"이라고 부르시며 자주 어르신께 말씀을 거셨다. 듣고는 계신 것 같았다. 그래서 아마도 우리 엄마가 하는 컬투쇼 이야기도 듣고 계셨지 않았나 생각한다. 엄마도 가끔 "이상진 어르신 재미있죠?"라고 괜스레 한 번 더 이름을 불러드렸다.

그 분께 가장 많이 문안을 오는 분은 따님으로 누가 봐도 경제력을 지닌 듯한 외모에 교양 있는 말투로, 엄마를 따뜻하게 부르며 귀에 대고 많은 이야기를 하고 가셨다. 엄마를 부르는 그 말에는 애틋함이 가득했다. 사랑이 가득했다. 따님을 참 잘 키우셨구나. 건강하셨을 때 어떤 어르신 이셨을까. 어떤 엄마이셨을까. 대화를 해봤더라면 참 많이 배웠겠다고 생각한다. 또 물론 말씀을 아끼셨을 것도 같다.

그 어르신의 간병인분과도 오랜 시간을 보낸 만큼 주고받았던 음식들이 참 많았다. 풍요로웠던 어르신 댁에는 혼자 다 감당하지 못할 음식들이 처치 곤란이 되기도 하여 그러한 음식 중 대부분은 우리에게로 왔다. 우리는 그 덕에 병원에서 귀하여 못 먹던 과일이나 제법 좋은 베이커리의 신문물들을 많이 접할 수 있었다. 풍요로운 이상진 어르신 댁의 간병인분은 절대적으로 지켜야 할 귀한 분을 모시는 수행비서처럼 당당함과 자부심이 있으셨다. 확실히 다른 간병인분들과는 다르셨다. 우리가 퇴원하고 외래로 병원을 찾았을 때, 111병동을 방문한 적이 있었다. 병문안 가듯 이상진 어르신 댁을 찾아갔다. 다시 2인실로 옮기신 그분들은 우리를 무척 반기셨고, 나는 약소하지만 직접 만든 약식을 간병인분께 전했다. 그리고 나의 결혼 소식을 들으시고는 나에게 5만 원을 건네셨다. 마음을 나눈 사이가 아니었고, 공간과 음식을 나눴던 사이라 생각하여 나는 너무 놀랐다. 그 돈을 받아오며 많은 생각이 들었다. 그분은 우리에게 의지하며 마음을 나누어 주셨을지도 모른다. 음식을 음식으로만 받았던 병실 안에서의 마음이 죄송하다. 그리고 어르신보다 그분이 또 어떤 자부심을 갖고 살고 계실지 궁금하다.

그때는 몰랐다. 내게도 그런 자부심이 있는지. 그저 하루하루 일상에 최선을 다하며 살았다. 엄마가 좋아지는 모습을 보며 나 잘하고 있나 보다 하고 스스로를 인정하기는 했다. 나니까 이 생활을 이렇게 착실하게 할 수 있지 하는 자부심은 있었다. 하지만 엄마를 모시는 것 자체에 대한 자부심과는 달랐다. 그리고 시간이 지나면서, 엄마를 걸리지 못함에 지쳐가면서, 자기 효능감이 점점 낮아졌다. 내 일을 잘하지 못한다는 실망감과 내가 간병하겠다고 섣불리 나서 지금의 상태까지밖에 오지 못했다는 자책감이 나를 견디지 못하게 만들었다. 자부심은 함부로 갖는 게 아니었다. 하지만 시간이 지나 퇴원을 하고 집으로 돌아와 엄마 옆에 살며 나는 걸리지 못하고 퇴원한 자존심을 회복해 보겠노라 무진 애를 썼다. 효녀 타이틀을 갖고 싶었던 것은 아니나, 주변에서 하는 칭찬에, 이미 씌워진 효녀의 프레임에 또 애써 나를 끼워 넣고 살았다. 애썼다고 해야겠다. 적어도 결혼이 내가 엄마를 포기한 게 아니라는 걸 보여주고 싶었다. 진심이었다. 나는 엄마와 집으로 돌아와 생활하는 새로운 꿈을 꾸었다. 그리고 이제야 그 자부심이 내게도 생겼다.

병원에서의 1년 반과 내 신혼생활을 포함 한 10년간의 나를 충분히 인정한다. 2013년에 입원한 엄마 곁을 2023년에 떠나왔다. 나는 엄마와 한 아파트가 아닌 다른 아파트로 이사를 했고, 사실 거리상으로는 그리 멀지 않지만 마음으로 멀어졌다. 나는 10년간 열심히 내가 할 수 있는 최선에서 엄마를 모셨다. 결혼을 하고 아이를 키우며 엄마와 또 아빠를 함께 살폈다. 엄마는 내가 낳지 못한 나의 둘째, 딸이라 생각하며 살았다. 이제 나는 엄마를 원래의 엄마 자리로 돌려놓았다. 나도 독립해야 했고, 엄마, 아빠도 독립해야 했다. 그리고 그 마음에 아쉬움이 남지 않았다. 내가 진짜 최선을 다했구나 싶었다. 잘했다는 자부심이 이제야 생겼다. 내가 착실히 열심히 애써서 나의 사람들을 돌봤다는 자부심을 나는 가져도 되었다. 그토록 내가 인정해 주지 못했던 나를, 이제는 내가 인정해 주려 한다. 이 마음을 확실히 하려고 이 글을 시작했나 보다. 내가 무엇을 쓸지, 전하고 싶은 말이 무엇인지 모른 채 시작했다. 왜 책으로 내겠다며 그때를 떠올리고 그토록 이야기하고 싶었는지. 비로소 타인에게 들어서 채워지지 않는 그 마음을 내가 채울 수 있다. 나 자신에게 해줘도 되는 말. "그래, 나 자부심 가질 만하다. 10년간 수고했다. 이제 그 프레임 밖으로 나와 새로운 삶을 살자."

  내 마음이 한순간에 터져버린다. 이러길 원했었

구나. 확실해진다. 내 마음이 알 수 없는 우울함과 답답함에 힘들고, 물음이 생길 때 글을 쓰길 바란다. 그때도 나를 살게 했던 것은 일기였고, 지금도 이 글이다. 마음을 정리하는 것은 나를 나아가게 한다. 이 오랜 마음이 이렇게 글로 정리되어져 감사하다.

전기치료실의 여배우

 우리 엄마가 얼마나 예뻤는가 하면, 가끔 엄마를 왕년의 영화배우였다고 하면 믿는 사람들이 간혹 있었다. 엄마는 눈과 코가 부리부리했으며 입술은 딱 적당한 두께에 약간 올라가는 입꼬리, 그리고 그 색이 립스틱을 바르지 않아도 참으로 예뻤다. 눈썹과 아이라인에 한 문신 덕분에 화장을 하지 않아도 화장을 한 얼굴 같았다. 하얀 환자복이 엄마의 흰머리와 피부와도 잘 어울렸다. 엄마가 재활병동을 가거나 1층 등으로 마실을 갈 경우 입혀주었던 카디건과 가끔 어깨에 걸쳐주었던 니트는 병원에서 휠체어를 탄 환자 중에 가장 스타일리쉬했다. 나는 거기에 욕심을 내어 가끔 이어폰을 꽂아도 주었고, 정말 아주 가끔 선글라스도 끼워 주었다. 지금보다 병원에서의 머리가 환자복과 훨씬 어울렸다. 수술할 때 모두 밀었던 머리가 점점 자라, 어느덧 보통 남자들의 머리 길이와 같아졌을 때, 그때가 엄마 스타일의 절정이었다. 큰 눈은 더욱 반짝여 보였고, 코도 더욱 높아 보였으며 얼굴은 훨씬 작아 보였다. 백발의 패티김처럼, 엄마의 백발이 진짜 멋있고 고급져 보였다. 그런 엄마가 너무 예뻐 어디를 갈 때마다 사람들 눈에 띄었던 것 같다. 우리는 이미 111병동과 재활치료실의 유명인사가 된 듯했다.

엄마는 한동안 전기치료실에 들어갈 때마다 손을 흔들며 스타처럼 행동하셨다. 전기치료실에서 엄마가 하는 컬투쇼 이야기를 듣던 사람 중에는 엄마가 왕년에 영화배우였다고 생각하는 사람들이 진짜 있었다. 엄마는 신이 나서 한껏 입꼬리가 올라간다. 한쪽만 올라가는 입꼬리가 더욱 천진난만해 보였다. 엄마로 인해 나의 존재감이 없었을 수도 있고, 엄마로 인해 나 또한 존재감이 있었을지도 모른다. 그저 내 눈에 너무 귀엽게 느껴졌던 엄마가 그려진다.

집으로 돌아온 지금도 가끔 그렇게 해맑으실 때가 있다. 어린아이처럼 순수한 눈빛을 하실 때가 있다. 천진할 수 있다는 게 우리가 병원 생활을 하며 힘든 와중에 덜 힘든 까닭이 아니었나 싶다. 그 천진함은 엄마가 가진 본래의 것이었는지, 수술로 인해 생긴 것인지는 모르겠다. 그저 그 모습이 가족들에게 힘을 주었다. 우리가 엄마를 귀하고 예쁘게 생각하며 돌볼 수 있었다.

나는 지금도 생각한다. 내 아들이 저렇게 예쁘지 않았다면 나는 더 아이를 단호하고 강하게 키울 수 있지 않을까? 하고 말이다. 예뻐서 다 받아주는 일이 너무도 많다. 버릇이 나빠지는 일이 많다. 나를 우습게 생각하는 일이 많다. 그것은 그때 엄마에게도 마찬가지였다. 우린 엄마에게 더 단호하지 못했다. 엄마가 예뻐서. 마음이 약해졌다. 결국 나는 엄마에게 더 호되게 하지 못하고 지고만 있었다.

 그리하여 나 대신 새로운 간병인 이모님을 모시게 되었다. 그것은 엄마에게도 나에게도 새로운 시도였다. 결과가 무엇이었든, 고집부리지 않고 변화를 꾀할 줄 알았던 우리가 대견하다.

엄마의 새 간병인

 그렇게 나는 나의 자리에서 잠시 내려왔다. 나 스스로 잠깐 엄마와 나의 정비 시간을 갖기로 마음먹었다. 도저히 이렇게 싸우면서는 아니었다. 엄마와 나는 마음의 생채기도 났지만 사실 그것은 문제가 아니었다. 이렇게 나아가지 않는 지금이 견디기 힘들었다. 제자리걸음인 엄마였다. 운동을 하고는 있으나 나아가지 않는 정체기. 엄마의 힘듦과 소리 지름은 더욱 세졌고, 엄마는 운동하기 너무 싫어했다. 사실 내가 시켜서가 아니라, 스스로 더 하고자 해야 발전 할까 말다. 하지만 엄마는 스스로 해야겠다가 없었다. 내가 시켜서, 가족들이 시켜서, 재활치료 선생님이 시켜서 하는 운동을 억지로, 억지로 했다. 아니 버티고 버티며 안 하려고 했다. 아프다고 소리만 지르는 통에 진도가 나가지 않았다. 싸워도 보고, 울어도 보는 단계를 지나서자, 나로는 안 된다는 생각이 들었다. 그래 지금이 내가 아닌 전문 간병인 분이 나서주어야 할 때이다. 나는 그동안 병원 생활을 하며 몇몇 분들을 후보에 두었다. 그분들 중에서 두 분 정도께 살며시 지금 간병하시는 분이 퇴원하시면 엄마의 간병을 맡아줄 수 있는지 여쭤두었다. 간병보다 더 중요한 것은 엄마의 운동을 시켜주시는 일이라는 점을 강조했다. 사실 치료실에서 그리고 병동에서 엄마의 악다구니를 모두 보신 분들이라 "내가? 엄마를?" 모두 놀라는 반응이었다. 그동안 그분들이 가끔 내게 이런 말씀을 해주시곤 했었다. "가족들이라서 모질게 잘못해. 엄마도 더 어리광 부리고. 안쓰러우니까 다 해주잖아. 가족들이 다

해줄 수 있다고 생각하는데 엄마가 열심히 할 이유가 없지." 그 말에 나는 동의하지 못했었다. 엄마가 아무리 어리광을 부린다고 해도, 설마 엄마가 우리한테 기대어 살고 싶을까. 평생. 엄마도 엄마 스스로 뭐든 해보려 노력을 하겠지. 독하게 마음을 먹겠지. 엄마가 얼마나 힘들고 아프면 저럴까. 나는 엄마 편에서 생각했다.

그런데 그 말이 계속 뭉게뭉게 떠올랐다. 맞는지 아닌지는 해보면 알겠지. 어쨌든 지금처럼은 안돼. 변화를 줘보자. 리프레쉬. 새로운 마음으로 엄마도 그렇게 해보게 하자. 그리고 나는 충전하고 돌아오자.

그 두 분은 장고 끝에 엄마의 간병을 거절하셨다. 다른 환자분을 맡으셨다는 것은 핑계였던 것 같고, 엄마를 감당하시기 힘들겠다는 판단이 서셨던 것이다. 병원에서 엄마와 좋게 안면을 다져 오셨던 것은 있었지만 간병은 다른 문제였다. 특히 재활 운동을 시키는 것은 엄청난 기 싸움을 예고했기 때문이다. 그 대신 다른 간병사님을 소개해 주셨다. 이 병원에서 오랫동안 간병을 하셨으며 등치 좋은 젊은 남자도 케어해 보셨던 베테랑 간병사분이라고 하셨다. 엄마 또한 그래 한번 해보자. "이 기집애야, 너 필요 없어 가." 모질게 말을 내뱉고는 아마 속으로는 엄청 긴장하셨을 것이다. 나는 반은 신이 나서 "엄마 나 여행도 가고, 푹 쉴 거야. 엄마 알아서 잘해봐." 그러고는 매일 병원에 드나들었다. 여행은 갔지만 말이다.

새로 오신 간병사님은 어디 소속된 분은 아니시고, 입소문으로 소개에 소개로 일을 하시는 분이셨다. 생각보다 많이 작은 체구였지만 다부진 몸을 가지고 계셨고, 성격도 절대 엄마가 만만하게 생각할 수 없게 정확하고 단호하셨다. 안 되는 건 안 되는 거고, 지켜야 하는 건 지켜야 하는 거였다. 본인도 비싼 몸임을 자랑하듯 건강을 굉장히 챙기고, 본인 몸을 소중히 아끼셨다. 아마도 병원에서 오래 생활하시고, 환자를 돌보시면서 건강이 얼마나 중요한지 누구보다 잘 알고 계셔서일 것이다. 그리고 건강해야 건강하게 간병할 수 있는 일이다. 나는 그분의 식습관과 생활 습관들을 보며 많은 걸 느꼈다. 훗날 내가 병원에 돌아오기 전에 마음가짐을 새롭게 할 수 있었다. 하지만 그걸 유지하는 것은 참으로 힘든 일임을 깨닫고는 다시 한번 그분이 대단하셨음을 알았다.

내가 다시 돌아왔다는 것은 그렇다. 결국 그분도, 그 단호한 그분도 엄마를 운동시키는 걸 포기하셨다. 초반에 맹렬하게 엄마와의 기 싸움을 펼치셨고, 우리에게 당분간 오지 말라는 말 또한 하셨다. 우리는 엄마를 어떻게 하나 겁이 나 몰래 보러 오기도 했다. 엄마는 병원 지하 주차장으로도 끌려가 그분에게 모질게 야단을 맞고도 악다구니가 그치질 않으셨다. 휠체어를 태워 밀고 가면 엄마는 밀려가야 하는 사람이다. 엄마가 어디로 가냐고 왜 거기로 가냐고 하면서 속으로 겁이 났을 것이다. 그럼에도 엄마는 그 주차장에서도 악다구니를 쓰며 그 분과 싸우셨다. 엄마는 승리했고, 나는 병원으로 돌아갔다. 엄마는 더 기세등등했고, 그렇지만 내가 또 다른 사람을 모셔 올까 봐 나한테 욕은 안 하기로 하셨다. 그분은 자존심에 생채기를 입으시고 세 달간의 엄마와의 동거를 끝내셨다.

남다른 포스를 지니고 계셨던 그분이 다른 간병사님과 다르게 얼굴이 가장 생각이 많이 난다. 그분은 정말 자신을 반듯하게 가꾸셨다. 흐트러짐 없이 자신과 자리를 반듯하게 정리하셨던 그분의 삶은 단정했다.

우리 엄마는 무얼 느끼셨을까. 가족들이 자기한테 본때를 보여 주려고 한다 생각하며 더 강하게 행동했다. 간병사님과 싸울 때 눈에는 독기가 가득했다. 속으로 서운하셨을까. 그러면서 본인이 한심스럽단 생각이 들었을까. 엄마의 그때 마음이 궁금하다. 배 째라 태도에는 어떻게 대해야 하는가. 우리는 배 째라가 안 되는 엄마의 약자 가족이었다. 엄마에게 질질 끌려가며 눈물로 호소할 수

밖에 없었다. 엄마가 스스로 느끼고, 엄마가 우리 가족에게 버티는 게 아니라, 힘든 운동에서 버텨 주길 기도했다.

예비 신부

 엄마와 딸은 신비한 관계이다. 서로에게 의지도 짜증도 투정도 모두 할 수 있는 사이. 서로 주고받는 것이 반대가 될 수 있는 사이.

 나는 엄마의 간병인이었고, 엄마는 나의 환자였다. 어느 날 우리 병실에 이와 반대의 모녀가 창가 자리에 새로 들어왔다. 엄마는 딸의 간병을 했고, 딸은 안타까운 그녀의 환자였다.

 우리가 딱한가 저들이 딱한가, 가끔 생각했다. 내 상황은 잊은 채 그 모녀를 안타깝게 바라본 적이 많았다. 상황적으로 그랬다. 그 딸은 결혼을 앞

둔 예비 신부였고, 엄마는 딸의 결혼식을 불과 몇 달 앞두고 딸과 찐한 시간을 보내게 되었다. 나는 지금 생각하면 그렇다. 엄마와의 병원 생활은 내가 결혼을 하고 독립하기 전, 마지막으로 엄마와 길게 한 여행 같았다. 힘들었지만 함께 한 여정에 추억도 많았다. 둘이 함께 보낸 많은 밤과 낮이 있었다. 내게 미화되어 버린 기억일지 모르지만 감사하게도 그런 시간을 엄마와 보냈다는 것이, 내 인생의 작은 다행, 위안이었다. 엄마와 둘만의 여행을 가보지 않은 내게 그 시간을 긴 여행이었다고 생각하기로 했다.

창가 모녀에게 저 긴 여정은 어떻게 기억에 남을까. 돌이키기 힘든 그 순간을, 시련을 잘 이겨내고, 지금은 평안에 이르렀을까. 그 딸은 결혼해 잘 살고 있는지 궁금하다. 엄마는 마음 편히 딸을 보내지 못했겠지. 또 가슴이 아프다.

딸은 우리 엄마와 달리 좌뇌를 수술했고, 그래서 언어 쪽 신경도 손상을 입어 말을 잘할 수 없었다. 신체 또한 엄마와 반대쪽인 오른쪽 마비로 인해 재활 치료도 해야 했다. 움직이지 않는 오른손보다 제대로 나오지 않는 말이 딸을 너무 힘들게 했다. 끊임없이 엄마에게 짜증을 냈고, 절망스러워했다. 거의 매일 찾아오는 예비 남편과도 말이 통하지 않아 답답해했다. 보고 있는 모두는 안타까움에 절로 기도가 나왔다. 강해져야만 했던 엄마가 삼킨 눈물이 얼만큼일지 가늠할 수 없었다.

다행히 신체적인 회복 속도는 좋았던 걸로 기억한다. 젊었고 의지도 좋았고, 결혼식이라는 확실한 동기도 있었다. 모두가 바라는, 기다리는, 그 감동적인 시간이 펼쳐졌기를 진심으로 바란다. 지금 나처럼 그때 엄마와 딸의 시간이 결혼 전 둘만의 추억으로 미화되었기를 또 바라본다.

토리버치 신발

 내가 병원에서 명품 신발을 샀다고 하면 미친 짓인가. 그 미친 짓을 내가 했다.
 병원에서 감사했던 것은 내가 카톡으로 친구들과 활발히 연락을 주고받았다는 것이다. 단톡방에서의 실없는 대화로 마음을 풀었으며 세상 돌아가는 소식들도 들을 수 있었다. 다행히 그때의 마음엔 어떤 시기나 질투의 마음도 없었다. 친구들은 결혼하여 아이도 낳고 직장에서 커리어를 쌓아가며 그들 자리에서 성장해 나갔다. 그때 내가 친구들과 나의 모습을 비교하며 내 상황에 더 조급하거나 힘들었다면 나는 엄마와 그렇게 잘 지낼 수 없었을 것도 같다. 짜증과 한탄으로 서로를 할퀴었을 것이다. 그때 내가 그런 마음이 들지 않고 엄마에게만 집중할 수 있었던 것이 지금 생각하니 참으로 신기할 따름이다.

그때 친구들의 실없는 직구 열풍에 나 또한 동참했다. 단톡방에서 친구들은 토리버치 세일이라며 같이 직구하자는 대화들을 하고 있었고, 갑자기 나는 엄마 것을 사야겠다는 생각이 들었다. 토리버치 금장식이 있는 검정색 단화를 나는 주문했다. 엄마의 사이즈로! "엄마 퇴원해서 신자! 엄마가 좋아하는 단화야. 그리고 토리버치야." 엄마의 눈이 잠시 반짝거렸다. 신을 수 있을까, 하는 생각도 잠시. "그래, 이쁘다." 우리는 한 며칠을 그 동기부여로 열심히 운동을 했을까? 역시나 아니다. "엄마 버텨. 신발 신어야지" 소리는 운동을 시작한 중에는 전혀 엄마 귀에 들리지 않았다. 엄마는 예비 신부도 아니었고, 딸인 나도 예비 신부가 아니었다. 어떤 강한 동기도 통하지 않을 엄마의 힘듦이 계속되었다. 그래도 우린 계속 재활 치료를 해야 했고, 병원 생활을 이어나가야 했다. 오늘 어제보다 눈곱만큼 더 서있기를 버텼고, 오늘 선생님께 악다구니를 덜 썼고, 이걸로 만족해야 하는 날로 채워지고 있었다.

결국 그 토리버치 신발은 엄마가 아닌, 내가 신는다.

그 신발을 신겨 퇴원시키고 싶었던 내 희망은 꿈으로 끝났다. 심지어 주문을 엄마가 쓰러지기 전의 사이즈로 하는 바람에 엄마도 나에게도 다 작다. 엄마는 왜인지 발이 더 커졌고 왼쪽 발은 마비로 인해 아주 큰 사이즈여야 신기기 편했다. 그래서 지금 엄마는 아빠와 같은 신발을 신으신다. 엄마의 토리버치 신발을 나는 가끔 차려입어야 하는 자리에 불편하지만 신고 나간다. 내발을 한 사이즈 작은 신발에 욱여넣을 때마다 나는 그때의 미친 짓에 웃음이 나기도 하고, 결국 엄마를 걸리지 못한 벌이라 여기며 하루를 불편한 발로 지낸다. 엄마가 아닌, 내게 동기부여였던 토리버치 신발은 실패작이었다.

간병의 위너

 같이 병실에서 지냈던 이들 중에는 보기에 안쓰러운 환자와 보호자 팀이 있었는가 하면 마음 편안했던 팀들도 있었다. 물론 오래 같이 살아온 가족이 대부분 그러했다.

 우리 옆자리 중년의 부부는 참 편안해 보였다. 40대 후반이나 50대 초반으로 보이는 보호자 아저씨는 체격은 좋으셨으나 알뜰살뜰하게 와이프를 돌보는 섬세함을 보이셨다. 큰소리를 내지도 않고 또 그렇다고 그렇게 무뚝뚝하지도 않은 아저씨는 남자 보호자치고 그리 신경 쓰이지 않게 행동하셨다. 두 분의 호흡이 잘 맞았기에 굳이 다 설명하지 않아도 알아서 서로 척척 잘 되는 사이 같았다. 그러니 간병할 수 있는 것이다. 합이 잘 맞지 않았다면 환자는 불편하여 다른 간병인을 원했을 터. 오래 얼마나 같이 살아야 합이 잘 맞을까. 저 부부가 저렇게 편해지기까지 어떤 시간을 보냈을까 문득 궁금했다. 그리고 또 오래 산다고 모두 편안해지는 것은 아니니, 저 부부는 참 복 많은 사이라는 생각이 들었다.

남편보다 더 진한 사이는 혈육이다. 우리 옆자리를 오래 함께했던 자매팀이 있었다. 동생은 희귀한 신경 질환으로 인해 몸을 움직이지 못했다. 그러고 보니 오래 옆자리에서 지냈지만 얼굴이 잘 생각나지 않는 팀이다. 몹시 조용했고, 이동이 없었다. 대소변을 자리에서 누워서 받아야 했고, 재활도 조금 힘들었다. 언니는 꼼짝없이 동생 옆자리를 지켜야 했고, 묵묵히 동생의 수족이 되어주었다. 저런 언니가 있을까 싶을 정도로 참 지루한 자리를 지켜내고 있었다.

 동생은 이따금 짜증을 냈고, 언니는 받아주었다. 또 언니가 짜증을 낼 때면 동생은 받아주었다. 왜 자신에게 이런 희귀병이 왔는지 젊은 동생은 우울해했다. 덩달아 언니도 동생의 모습이 언제까지일지 몰라 우울해했다. 원래 그들의 성격일지도 모르지만 어쨌든 참 조용했다. 그들은 거의 커튼을 쳐놓고 지냈고, 우리 엄마가 유일하게 잘 대화를 붙이지 못하는 팀이었다. 그래도 열심히 떠드는 우리 엄마에게 뭐라고 싫은 소리 한 번 하지 않아 주어 우리는 늘 다행이라 생각했다.

 퇴원하며 그녀들이 좋아하는 야구선수의 사인볼을 오빠가 구해다 주었다. 제일 미안하고도 고마웠던 옆자리 분들에게 우리가 할 수 있는 최소한의 감사 인사였다.

 그 자매는 병원에서의 기억이 어떻게 남겨져 있을까. 서로에게 지금 어떤 마음일까. 서로가 인내하고 배려하며 참 잘 지내셨었다고, 옆자리 간병인이 보았다고 말해주고 싶다. 참 예쁜 자매 사이라고.

 그리고 병원에서의 위너팀이 있다. 바로 문 앞자리에 어르신 한 분이 들어오셨다. 연세가 제법 있으실 것 같은 게 이상진 어르신 댁의 따님보다도 자녀분들이 더 나이가 있어 보였다. 이분이 위너인 이유는 그 딸들이 무려 5명인 까닭이다. 이 딸들은 돌아가면서 간병을 하러 왔고, 마치 한 번씩 마실 오듯이 엄마에게 찾아왔다. 어떤 때는 혼자, 어떤 때는 둘씩 같이 오기도 했다. 일주일에 한두 번씩 만 해도 간병이 충분히 이루어지는 시스템이었다. 다복한 할머니는 딸들이 매일 다르게 가져오는 반찬을 이것저것 맛보시며 또 이 얘기 저 얘기 들으시며 병실에서 딸들과 시간을 보내셨다. 아프셨지만 행복해 보이셨다. 돌아가며 간병하는 딸들도 힘들어 보이지 않았다. 오히려 서로 자기가 더 있겠다며 투덕거리기도 했다. 아주 심각하지는 않은 병세에 큰 걱정 없이 그저 지금 엄마와 시간을 보내는 것을 참으로 좋아하는 것 같았다. 그들이 쳐놓은 커튼은 알콩달콩한 시간의 표시였다. 할머니와 딸들은 여행 온 듯 그 시간을 즐겼을 것이다. 지나고 보니 내가 엄마와 그랬던 것처럼 말이다. 나는 지나고 보니 였지만 나보다 연륜 있으셨던 그 분들은 아마 이미 알고 그렇게 그 자리에서 지냈던 것 같다.

 모든 것은 마음이 정한다. 내가 연륜이 있어 그런 마음으로 보냈다면 나는 그때 더 엄마와 편안한 마음일 수 있었을까. 원하는 바를 이루지 못한다고 하여도 그 과정을 아름답게 그렸다면 지금 내 마음이 편할까. 아니다. 아름답게 그릴 수 없는 게 현실이다. 그 팀은 병세가 위중하지 않았고, 연세도 아주 많으셨고, 딸들은 무려 5명이었다. 그때로 되돌아가 다시 지내어도 우리는 위너가 될 수 없다. 엄마와 나는 그게 최선이었다. 돌아갈 수 없는 시간을 자꾸 돌이키는 것은 후회가 남기 때문일 거다. 털어내려고 후회를 남기지 않으려고 쓰고 또 써도 또다시 채워지는 마음이다. 지난번엔 털어낸 것 같았는데 다시 채워지는 후회의 마음이 신기하다.

이만하면 우리 다 괜찮다. 최선이었다. 그래.

신촌시 세브란스구 111병동

 나는 신촌을 연세대학교가 있는 곳으로 인식했었다. 고등학교 시절, 친구들과 교복을 입고 처음 민들레영토라는 카페를 찾아갔다. 연세대학교 학생들이 아르바이트를 하고, 그 학생들이 많이 온다는 카페. 대입을 준비하는 시기의 나에게 그곳은 동기부여 그 자체였다. 재수를 했어도 갈 수 없었던 연세대학교. 신촌은 내게 이상향과도 같은 곳이었다. 공기 자체가 다르게 느껴지는 곳. 매일 다니고 싶었던 학교 대신, 나는 그 옆 병원에서 1년 7개월을 살게 되었다. 이제 내게 신촌은 대학병원이 있는 곳이 되었다. 병원의 공기는 신촌의 공기와는 달랐다. 포근함과 안도감을 주는 공기. 내게 세브란스 병원은 그렇다. 알코올과 각종 약 냄새가 아닌, 포근함과 안도감으로 느껴지는 이유는 우리가 그곳에서 보호받고 있음을 느끼며 살았기 때문이다. 환자의 입장은 조금 다를지 모르겠다. 수술을 받았던 엄마는 병원의 공기를 어떻게 기억할지 궁금하다.

이상향과 안도감이 공존하게 된 신촌은 지금도 가끔 지나갈 때면 공기 자체가 다르게 느껴진다. 언젠가 가본 여행지 같기도 하고, 홈스테이 지냈던 집 같기도 하다. 병원이 많이 달라져서 이제는 그 느낌이 또 조금 달라졌을 것이다.

아빠가 교대해주어 주말이면 한 번씩 병원 밖으로 나올 때가 있었다. 나는 걸어서 갈 수 있는 반경 내 나의 흥미를 끌 만한 장소를 찾아갔다. 책을 빌려 읽을 수 있는 서점에서 책을 빌려 읽고 반납하기도 했고, 백화점에서 아이쇼핑을 하기도 했다. 그리고 또 하나의 미친 짓. 50분씩 피아노 연습을 할 수 있는 무인 공간을 발견하고는 피아노를 치러 가기도 했다. 아무도 모를 것이다. 내가 병원에서 엄마 간병을 하며 가끔 피아노를 치러 다녔다는 사실을. 얼마나 리프레시 되었는지 모른다. 신촌에서 그런 곳을 발견했다는 것은 민들레영토를 처음 갔을 때처럼 신비로운 느낌마저 들었다.

내 세상은 111병동 병실, 세브란스 병원 곳곳, 걸어갈 수 있는 반경 내의 신촌이 전부였다. 하지만 그땐 그걸로도 충분했다. 그렇게도 충분히 살 수 있었다. 그전에도 어차피 집과 회사를 지하철로 출퇴근하며 지냈던 일상에 아주 가끔의 일탈이 다였었다. 삶은 어디에서이던지 그거면 되는 것 같다. 반복 속에 작은 일탈. 그리고 삶의 반경의 크기는 중요하지 않았다. 문득 그런 생각이 든다. 내가 그때 인생 반경의 크기를 작게 줄여 놓았나. 그래서 내 세상이 이렇게 좁아져 버렸나. 사실 엄마와 병원에서 나와서 나는 결혼을 하고 아이를 낳고, 다시 그 세상을 조그만 집으로 옮겨왔다. 건영아파트. 102동의 엄마 집과 104동의 남편 집을 반복해 가며 살았다. 어쩌면 신촌보다 더 작은 곳에 나를 놓고, 진짜 나를 놓고 있었다. 내가 병원에서 나왔다고 생각했지만 내가 나온 세상은 더 작은 곳이었다. 왜 더 큰 세상으로 나아가지 못했는지. 지켜야 할 것이 많아지면서 나는 더 세상을 겁내게 되었다. 더 안으로만, 안으로만 지키려고 했었다. 소심한 사람은 더 소심해졌고, 세상을 더욱 두려워했다. 건강 걱정은 더욱 늘어갔고, 코로나를 겪으며 더 가족들만이 존재하는 캐슬 속에 살았다. 하지만 무엇이 계기가 되었을까. 아마도 내 아이를 위해서였을 것이다. 내 아이는 더 넓은 세상에 살게 해야 할 것 같았다. 그러려면 나 또한 함께 나아가야 했다. 내게 용기가 났다. 아직 넓은 세상에 나왔다고 할 수는 없지만 그저 작게 시도하고 있다. 내 세상에 갇히지 않는 법을 알려고 하며, 다른 사람 이야기에 귀를 기울이며 시야를 넓

혀보려 노력 중이다.

  신촌시 세브란스구 111병동의 나는 이제 건영아파트도, 어디도 반경이 정해져 있지 않다. 잘했다고 생각했던 것들이 결코 잘했던 것이 아니었고, 모두를 위한다고 생각했던 것들이 모두를 힘들게 하기도 했다. 결국은 모든 나의 선택이 나를 제일 옭아매었고, 나를 지금의 나로 만들었다. 앞으로의 나는 무엇이 더 필요할까. 확실해지고 싶다. 선명한 내가 되고 싶다. 반짝반짝한 내가 되고 싶다. 실행의 힘은 어디에서 나오는 것일까.

어깨탈구와 낙상 그리고 경기

 우리 가족이 엄마의 간병을 늘 잘했기만 했을까. 우린 많은 실수로 엄마를 위험에 빠뜨리기도 했었다. 엄마가 지금도 오빠와 휠체어를 옮겨 타는 일을 하지 않는 것은 병원에서의 해프닝 때문이다. 해프닝이라고 하기엔 사실 엄마에게 꽤나 힘든 일이었다.

 한 번은 내가 주말에 외출을 했고, 아빠도 무슨 일이었는지 기억나지 않지만 안 계셔서 오빠가 엄마 간병을 하고 있었다. 키가 190에 가까운 오빠는 엄마와 높이를 맞추려면 자세를 많이 낮춰야 했고, 그 엉거주춤한 자세 때문에 엄마를 휠체어에 태우다 그만 엄마의 왼쪽 팔이 뒤로 넘어갔다. 엄마의 왼쪽 팔은 마비가 있던 팔이어서 엄청난 통증을 느끼지는 못했지만, 오빠도 엄마도 무척 놀란 모양이었다. 내가 병원에 도착해서 엄마의 어깨를 만져보니 뭔가 이상하다는 생각이 들었다. 원래 마비된 팔 어깨 부분이 이렇게 빠져 있었나 싶은 거다. 약간은, 아주 약간은 그랬었지만, 전보다 더 그런 것 같았다. 확실하지 않아 결국 정형외과 전공의 선생님이 오셨고, 엑스레이를 찍어보니 어깨가 탈구되었다는 것이다. 엄마는 어차피 마비된 팔이니 상관없다 하셨지만, 우리는 혹시나 신경이 돌아올지도 모르는 팔을 원상 복구 해 놓고 싶었다. 그래서 우린 엄마를 잡았다. 정말 잡았다. 진짜 엄마는 소리를 고래고래 지르며 어깨를 껴 넣어야 했다. 나는 그때까지 어깨 탈구를 어떻게 원상 복귀하는지 본 적이 없었다. 알았더라면 안 했을 거다. 팔을 일부러 한 번 더 빼낸 후, 다시 넣는 것이다. 일부러 팔을 잡아 뺀다니. 아니 그게 맨정신에 가능한 일인가 말이다. 엄마는 병동이 떠내려가라 소리를 질렀다. "나를 죽여라. 그냥 죽여라."하는 통에 난감하기 이를 데 없었다. 우리는 엄마의 머리가 어떻게 되는 게 아닌가 전전긍긍하며 "그 정도면 됐다. 됐어요. 선생님. 원래 이 정도 빠져 있었어요. 완전히 일반인 팔이랑 다른 거잖아요. 감사합니다."하고 돌려보내 드렸다. 주말이 지나 주치의 선생님이 오셨고, 상황 설명을 해드렸더니 하시는 말씀. "마비 팔은 원래 약간 탈구가 되어 있어서 안 그래도 되는데 정형외과 전공의가 잘 몰랐나 보다."고 하시는 거다. 와, 우리 엄마는 안 겪어도 되는 일을 겪었다. 지금도 그 팔을 넣은 것인지, 아닌지 잘 모르겠다. 약간은 탈구가 되어 있는 채로 그렇다. 억울하게 아팠던 엄마는 다행히 오빠나 나를 원망하지는 않는다. 다만 오빠가 휠체어에 태우는 상황은 안 만들려 하신다. 이제는 더 안 해버릇 하여 어색함이 생겼고, 오빠 또한 엄마와 마찬가지로 불안해하는 것도 같다. 서로가 안 하는 게 맞지, 싶은 거다.

　나는 그런 일이 없었겠는가. 1년 7개월이다. 나는 대형 사고를 쳤다. 엄마를 침대 아래 시멘트 바닥으로 떨어뜨렸다. 그것도 머리로 말이다. 우리는 재활 시간 외에도 할 일은 재활이었다. 침대에 등받이 없이 앉아 있게 연습을 시키는 중이었다. 그렇게 기대지 않고 허릿심으로 앉아 계시는 걸 잘 못하셨다. 내가 엄마 뒤에 앉아 받히다 안 받히기를 반복해서 하는 중이었다. 오른손으로 침대 난간을 잡고 있어야 그나마 앉아 있을 수 있다. 그런데 엄마는 오른손으로 난간을 잡지도 않고, 내가 등 뒤를 받히지도 않았던 그 순간, 바로 왼쪽으로 중심이 쏠려 넘어가 버린 것이다. 바로 등 뒤에 내가 앉아 있었지만 엄마 무게를 다 버티지 못하고, 엄마 팔 윗부분을 내 팔 아랫부분이 다 받치지 못한 채 그대로 넘어가 버렸다. 머리가 쿵 하며 떨어지는 순간 우리 방 사람들이 모두 보고 있었다. 커틈을 활짝 젖힌 채로 우리는 수다를 떨며 그러고 있었다. 내가 아마도 순간 다른 사람 쪽을 보느라 고개를 돌릴 때였던 것 같다. 방 안 사람들의 "어, 어, 어."하는 표정과 소리가 기억난다. 엄마는 생각보다 침착했고, 본인이 괜찮은 거냐고 물었다. 피가 안 나냐, 혹은 안 났냐, 멀쩡한 사람 같았다. 나는 너무 심장이 벌렁거려 간호 선생님을 부르고는 넋이 반쯤 나갔었다. 내가 어떻게 엄마를 떨어뜨릴 수가 있지. 다행히 CT 결과 이상은 없었다. 내가 고용된 간병인이었으면 어쩔 뻔했나. 말도 안 되는 일을 내가 친 것이다. 나는 아빠와 오빠에게 할 말이 없었다. 엄마는 별다른 원망의 말을 하지 않았지만 역시나 트라우마처럼 옆으로 떨어질까 봐 며칠을 불안해하셨다. 그건 나도 마찬가지였다. 당분간 앉혀 놓는 운동은 하지도 못했다.

  집으로 돌아온 뒤에도 그런 일은 이따금 일어났다. 얼마 전 주무시다 침대에서 떨어지셨다. 이제는 아빠보다 몸무게가 훨씬 많이 나가는 엄마는 새

벽 낙상에 119구급대원들의 도움을 받아 침대 위로 올려질 수 있었다. 이제는 그런 일도 대범하게 혼자 처리하는 아빠였다.

 그리고 우리가 병원을 떠나지 못했던 또 다른 이유는 바로 엄마의 경기였다. 엄마는 약을 바꾼다거나 조금 피곤하다든가 하면 경기를 했다. 평소와 다를 것 전혀 없었던 것 같았는데 경기한 적도 있다. 신기하게도 경기를 하는 순간에는 거의 아빠가 계셨다. 내가 엄마의 경기를 목도한 것은 두 번뿐이다. 맨 처음 아빠가 계셨을 때 아빠는 너무 놀라셨다. 그 몇 초간의 경기를 엄마는 기억하지 못한다. 뇌에 버퍼링이라도 생긴 것처럼 그랬다. 그럴 때는 숨만 제대로 쉬는 자세라면 그대로 놔두라고 하셨다. 경기가 멈춘 뒤에 엄마는 약간 어눌한 말투에 풀렸던 눈이 서서히 돌아왔다. 그것이 몇 번 반복되니 엄마는 자신이 이상해지는 순간을 느낀다고 했다. 꿈을 꾸는 것인지, 자신이 말을 하고 있는데 아무도 듣지 않는 것 같다고 했다.

우리가 가장 무서워하는 순간이다. 나는 병원에서 겪어 함께 대처해줄 사람들이 있었지만 아빠 혼자 감당해야 하는 순간이 오는 것이 가장 마음이 아팠다. 바로 앞 동에 살면서도 엄마가 경기할까 봐, 아빠가 혼자 벌벌 떨까 봐, 늘 그게 걱정이었다. 아직도 그 마음에서 완전히 해방되었다고 할 수는 없다. 가끔 엄마, 아빠 꿈을 꾼다. 내 걱정은 기도로 다스린다. 새벽에 울면서 했던 기도들이 엄마, 아빠를 지켜주길, 또 내 마음을 강하게 해주길 바란다.

고수님의 아버지

 우리가 2인실에 있을 때, 우리 방에 시트 등을 갈아주러 오셨던 분이 계셨다. 이동반과 같이 보라색 상의를 입으셨지만, 이동반 업무와는 다른 업무를 하시는 그분은 매우 밝으셨고, 친근감 있게 대화를 하셨다. 그리고 누워있는 우리 엄마에게 말을 걸어주셨다. 우리 주치의 선생님이 이 병원에서 수술을 아주 잘하시는 분이시라고, 그리고 본인의 어머니는 이 병원에서 우리 주치의 선생님의 아버지께 아주 어려운 뇌수술을 1호로 받으신 분이라고 했다. 그 아버지는 아주 권위 있는 신경

외과 교수님이시라고 말하는 눈에는 감사와 존경의 마음이 느껴졌다. 그런 분의 아드님께 우리 엄마는 수술을 받았다. 우리 선생님의 열정과 근면함이 그분에게서 온 것인가도 싶었다. 대단한 부자에게 경외심이 생겼다. 아버지만큼 하려고 얼마나 노력하셨을까. 그분 명성에 누가 되지 않으려 애쓴 순간들이 또 얼마나 많으셨을까 하는 생각도 들었다. 그런데 우리가 입원한 지 1년이 훨씬 넘은 무렵, 그 교수님이 우리 병동에 입원을 하셨다. 교수님의 아버지가 뇌출혈로 말이다.

뇌수술을 그렇게 많이 하셨던 교수님이, 뇌출혈로 수술을 받고 우리 병동에 입원을 하신 것이다. 우리 교수님이 직접 수술을 하신 것은 아니라고 한다. 병원의 소문은 대단했다. 하지만 교수님이 매일 다른 병동에 찾아가 아버님을 뵙는 것보다는 우리 병동에서 아버지를 직접 담당하시는 것이 좋으셨을 것이다. 나는 누가 그분을 간병하실지 그것이 궁금했다. 에이스 중의 에이스이신 분이 그분의 간병사님으로 오실 것이기 때문이다. 그 교수님은 1인실에 계셨지만, 다른 병실의 누구보다 소문이 빠르게 났고, 자주 사람들의 입에 오르내렸다. 물론 병원에서 오래 지낸 우리 같은 사람들이 소문 들을 데도 있고 그런 법이지만, 우린 안 들으려 해도 들리는 소문에 속이 상했다. 우리 주치의 선생님이 얼마나 속이 상하실까. 그렇지만 그것이 아이러니한 인생이었다.

우린 가끔 재활치료실에서 그 교수님을 뵈었다. 엄마는 또 해맑게 교수님께 말을 걸기도 했다. 재활을 힘들어 하시는 교수님께 엄마는 말벗이 되어 드리고 싶어 했다. 기립치료 중 옆자리에 계실 때면 부쩍 힘들어 하시는 교수님께 특히 엄마는 그랬다. 처음에는 엄마도 무척 아파했지만 나중에는 지루해서 하기 싫어했던 치료였다. 컬투쇼 이야기까지 했는지는 기억이 안 나지만 아마도 했을 것이다.

교수님 아버지의 입원은 환자들에게 이런 마음

을 불러일으켰을 것이다. 대체 왜 내게 이런 시련이 왔는지 힘든 마음에 작은 위안 같은 것 말이다. 인간은 간사한 존재다. 존경의 마음에서 금세 나와 같은 존재로 만들어 버린다. 그래서 건강을 잃으면 다 잃는 것이다. 내 것만이 아니라 내 가족의 것도 잃게 할 수 있다. 병실 안의 사람들끼리는 서로 알지만 모르는 일이 많이 있었다. 이제 교수님과 우리 사이에도 알지만 모르는 일이 생겼다. 조금은 작아진 선생님의 회진 목소리가 속상했다. 하지만 우리 선생님은 그렇게 그런 일로 무너질 분이 아니었다. 오래지 않아 선생님은 목소리를 회복했고, 불호령이 반가웠다. 역시 우리 선생님이셨다. 부디 우리 선생님은 아버지의 교훈으로 건강관리에 최선을 다하시길 바란다. 이제는 여유 있는 커피를 드셔도 된다는 말을 또 하고 싶다.

엄마, 밖에 눈 좀 봐.

　매일 아침에 잠에서 깰 무렵, 어두운 병실의 문을 열고 들어와 바닥을 닦고, 휴지통을 비워주시는 청소 담당분들이 계신다. 그러고 보니 매일 얼마나 일찍 출근하시는 건가 싶다. 그 덕에 나는 편하게 엄마의 침대 시트만 갈고, 엄마 옷만 갈아입히며, 우리만 깨끗하게 하면 되는 편한 시간을 보냈다. 청소도 빨래도 밥도 하지 않고 지내는 것이 살림과 육아를 동시에 하는 사람들에게 얼마나 꿀같은 일인지 해본 사람은 알 것이다. 병원에서 퇴원해 집으로 돌아왔을 때, 뭔가 더 늘어난 일들에

하루가 너무 바빴다. 그 일을 그동안 집에서 오빠와 아빠가 하면서 지냈다. 나는 온전히 병원에서 엄마만 돌보며 지내면 되었다. 그때는 힘들었지만 지나고 보니 또 그때가 편했다는 것을, 감사하다는 것을 매번 느낀다.

매일 새벽의 청소가 있지만 또 병동에 한 번씩 대청소 날이 있다. 환자들은 병실에서 모두 나와 복도나 다른 곳에 가 있게 된다. 엄마와 같은 환자는 침대 채 복도에 누워 있는다. 산소포화도 측정기처럼 아직 딸린 기계 등이 있는 환자는 처치실로 옮겨진다. 병실에 걸려 있는 커튼을 전부 교체하고, 맨바닥을 코팅하는 일 등을 하고 나면 우리는 원상 복귀한다. 별일 아닌 것 같지만 병동은 아수라장이 된다. 복도에 침대가 나와 있다고 생각해 보라. 그날 누군가 문병을 온다면 뭐 이런 병원이 다 있나 싶을 것이다. 그런 순간을 우리는 참 느긋하게 보낼 짬밥이 되었다. 그렇게 복도로 나와 있던 중 복도 중앙 창문으로 갑자기 눈이 내리는 게 보였다. 좀처럼 보기 힘든 함박눈이었다. "엄마, 밖에 좀 봐! 눈이 와!" 누워 있는 엄마의 등받이를 높여 보여 주었다. 혼자 보기에 아까운 너무나 황홀했던 함박눈이었다. 창가 자리가 아닌 우리는 병실이었다면 잘 보지 못했을 눈 오는 광경을 복도 큰 창으로 바라보았다. 창밖으로 펑펑 눈이 내렸고, 한참을 입을 벌린 채 마치 태어나 처음 눈을 보듯 신기하고 황홀했다.

아수라장 같았던 그날의 복도가 순간 모든 것이 멈춰지고, 창밖의 눈과 그를 바라보는 나와 엄마만 존재하는 것 같았다. 동화 같았던 그 장면이 지금도 기억나는 이유는, 그 순간 내가 감사하다는 생각을 했다는 것이다. "지금 이 눈을 엄마와 함께 볼 수 있음에 감사합니다."하고 말이다. 선물 같은 그 순간이 엄마와 함께라 눈물 나게 감사했다. 나는 엄마와 모든 것을 함께 느낄 수 있다. 맛있는 것을 먹고 함께 좋아할 수 있고, 함께 저 눈을 바라볼 수 있다. 그리고 그때 내 마음에 감사함의 감정이 들었다는 것이 병원 생활의 결말과도 같았다. 엄마의 존재만으로도, 우리가 함께할 수 있다는 것만으로도 그거면 되었다는 생각이 들었다. 엄마가 걷던, 걷지 않던 우리 엄마가 내 옆에 존재하고 있다는 사실에 그저 감사했다. 엄마는 퇴원 후, 가끔 안 살고 싶다는 말씀을 하셨다. 그 말이 우리 가족에겐 얼마나 속상한지 모른다. 우린 그저 엄마가 우리 곁에 존재하는 것만으로도 감사하다. 엄마가 그걸 더 분명히 알았으면 좋겠다. 엄마 우린 지금 충분해, 고맙고 사랑해.

백마 탄 왕자

그러던 어느 날.

내게 백마 탄 왕자가 나타났다. 주말마다 나에게 드라이브 시켜주는 왕자 말이다. 상황은 신기하게 흘러간다. 이 인연은 엄마가 주신 것 같다.

신부님을 모셔 달라고 했던 엄마의 청으로 그 당시 반장님이 신부님을 모셔 오셨다. 함께 오신 수녀님은 나를 성당으로 이끄셨고, 병원에서 인터넷 교리를 듣고 나는 냉담을 풀었다. 다시 내가 크리스티나가 되었고, 반장님은 나의 새 대모님이 되어주셨다. 그리고 대모님은 나에게 그 왕자님을 소개해 주었다. 그는 나의 상황을 모두 받아들여 주었고, 나와 주말마다 함께 미사를 드리고, 드라이브도 시켜주었다. 그 사람이 내겐 백마 탄 왕자와 같았다. 신발 벗고 들어가야 했던 성당 2층에서의 미사 시간이면 내 발 차가울까봐 따뜻하라며 자기 발등을 내주었다. 왕자가 내미는 그 어떤 구두보다 귀했던 그 마음에 나는 공주보다 더한 대접을 받은 듯 했다.

 엄마가 모셔 달라고 했던 신부님과 함께 왕자도 왔다. 두 요한은 우리 모녀의 구원이었다. 우리는 새로운 꿈을 꾸기 시작했다. 엄마와 나는 이제 병원이 아닌 집에서의 출발을 꿈꾸었다. 이제는 익숙하고 타성에 젖은 병원이 아니라, 변화를 시도해 볼 일이었다. 엄마와 통원으로 재활 치료를 하고, 집에서 재활을 통해 일상으로의 복귀를 꾀해 보자는 생각이었다. 그리고 우리는 더 박차를 가해야 할 이유가 생겼다. 엄마의 간병인인 내가 그 백마 탄 왕자와 결혼을 하기로 했기 때문이다. 이제 우리는 열심히 해야 할 엄청난 동기가 생겼다. 병원을 나가기 전, 이 정도는 해놓고 나가야지 하는 마음이 모두에게 있었을 것이다. 엄마도 집으로 돌아갔을 때의 상황을 떠올리며 운동에 박차를 가했다. 그렇지만 아픈 건 아픈 것이고, 힘든 것은 힘든 것이었다. 엄마는 분명했다, 인내심 부분의 뇌를 다친 것이.

우리는 병원에서 상견례를 했다. 병원 1층 레스토랑의 배려로 오픈 전, 조용히 우리만의 대화의 공간을 마련할 수 있었다. 사랑하는 나의 부모님과 또 사랑하는 나의 시부모님은 그렇게 서로의 자식을 내 자식으로 받아들여 주셨다. 그리고 감사하고 또 감사한 나의 새 가족은 나와 우리 부모님의 힘듦을 기꺼이 자기 일처럼 여겨주셨다. 나는 더없이 튼튼한 울타리를 가진 것 같았다.

이 결혼의 숨은 일등 공신은 우리 아가씨이다. 왜 고민하지 않았으랴. 그 왕자도, 어머니도 우리의 상황을 온전히 받아들일 마음을 갖는 것이 힘들었을 것이다. 결혼을 고민하는 어머니에게 힘을 준 것은 아가씨의 말이었다고 한다. 당연한 것이라고, 그것은 기꺼이 함께 짊어지고 가야 하는 부분이라고. 나는 어쩌면 당연하게 남편의 등에 우리 엄마, 아빠를 같이 태웠던 것 같다. 내 힘듦을 덜어보고자 말이다. 우리 남편은 기꺼이 자기 등을 내어주는 사람이었다. 그렇게 자식들을 키워내신 우리 시부모님을 나는 진심으로 존경한다. 사실 이제 나는 엄마, 아빠가 많이 무겁게 느껴지지 않는다. 서로 많이 내려오고, 내려놓은 것도 같다. 그리고 나는 더 이상 남편을 백마 탄 왕자로 여기지 않는다. 내가 그 사람의 레인지로버 탄 공주가 되어주고 싶다. 레인지로버 타고 어디 갈래?

문성아버님의 성경책

 병원을 나오면서 가장 마음이 쓰였던 가족을 생각해 보면 문성이네 집이다. 문성이네는 체격 좋은 내 또래의 남자 환자와 그의 아버지인 보호자 가족이다. 우리는 같은 병실도 아니었고, 그리 많은 대화를 나누진 않았지만 내가 퇴원 후, 가끔 기도하게 되는 가족이었다.

 우리보다 병원 생활을 더 전부터 해왔던 문성이네는 늘 조용히 재활치료를 하러 오갔다. 엄마와 내가 꽤나 오래 병원에서 지내는 걸 알게 된 문성이 아버님은 어느 날, 주치의 선생님이 같은 걸 아시고는 이것저것 물으셨다. 병원 생활을 오래 해 오신 문성 아버님은 아들을 위해 자신의 일을 접으시고 직접 간병을 하고 계셨다. 체구가 커서 쉽게 간병하기 쉽지 않은 환자였다. 체격이 좋은 아버지 또한 그 아들을 재활시키기 쉽지 않겠지만 다른 대안이 없어 보였다. 나중에 안 사실이지만 우리의 두 번째 간병사님이 문성이의 간병을 한 적이 있었다고 한다. 그 큰 체격의 환자를 그리 작은 체구의 간병사님이 간병을 하셨다니 지금 생각하니 용감하시고 자신감이 훨씬 있으셨구나 싶다. 그런 분이 우리 엄마를 맡으시며 구겨진 체면을 세우실 기회를 또 한 번 놓치셨다. 어쨌든 그렇게 결국 가족의 간병으로 돌아가게 된다는 것이 자연스러운 결과였다. 아버지는 결국 자신의 것을 모두 내려놓고 자식을 위해 긴 시간을 헌신하고 계셨다. 멋진 아버지는 병원에서 아들과 시간을 보내며 주름을 늘려가기에 아까웠고, 젊은 나이에 뇌수술로 걷지 못하는 훤칠한 아들은 더욱 아까웠다. 어눌

한 언어로 인해 안타까움은 더했다. 대화라도 함께 나눌 수 있더라면 속이 덜 상하실까. 때론 더 상하실까.

문성아버님은 내가 인터넷 교리를 듣고 있다는 사실을 아시고는 누구보다 반가워하셨다. 그러고는 나에게 성경책을 빌려주셨다. 그게 그분의 버팀목이었던 것이다. 성경 말씀을 읽으라 하셨던 그분의 조언은 사실 지금까지도 잘 실천되지 않았다. 다만 의지할 절대적인 존재가 필요하다는 사실을 나는 다시 한번 알게 되었다. 정갈하고 단단한 마음을 지키는 비결은 믿음과 기도였다.

나는 빌렸던 성경책을 그분 자리에 살며시 놓고 나왔다. 그분들이 재활 치료를 가 계신 동안 우리는 짐을 정리하고 퇴원했다. 그 전에 인사를 하기는 했지만 마지막 인사를 차마 하지 않는 게 차라리 더 나을 것도 같았다. 그리고 기도를 했다. 두 분의 병원 생활에 평화가 함께하길, 단단하게 포기하지 말고 함께 걸어서 퇴원하시길.

고마웠어, 111병동

헤어짐의 징표인 손수건을 병동 간호사님들께 전하고 우린 병동을 나왔다. 빈 침대와 빈 간이침대가 남겨졌다. 우리의 공간은 잠시 후 다른 사람들의 공간이 될 것이다. 정들었던 나의 병실과 111병동을 나오면서 우린 생각보다 담담했다. 새롭게 시작해야 할 집에서의 생활에 겁나기도 또 설레기도 했다. 그렇게 정신없이 집에서 적응을 하며 우린 병원을 금방 잊었다. 그리고 10년 만에 나는 병원에서 지냈던 생각을 매일 하게 되었다. 이 간병기를 쓰겠다고 꺼내는 기억의 대부분은, 감사였다. 분명 그 당시에는 그토록 감사할 상황은 아니었다. 하지만 지금에 와서 생각하니 감사할 따름이다. 많은 선생님들, 함께 지낸 환자들, 보호자들. 스치는 인연 하나하나 지금의 우리를 감사의 마음으로 만들어 준 이들이었다.

엄마는 지금 걷지 못한다. 우리가 그토록 병원에서, 퇴원해서 재활에 애를 썼지만 성공하진 못하였다. 걷기의 재활에는 우린 실패했다. 하지만 우리는 마음의 재활을 마쳤다. 10년 만에. 적어도 나는 그랬다. 엄마가 쓰러진 2013년도 9월, 우리 가족은 함께 쓰러졌다. 언젠가 상담을 전공하는 언니로부터 가족 상담을 받아 보는 게 어떻겠냐는 말을 들은 적이 있다. 외상 후 장애는 교통사고와 같은 환자뿐만 아니라 우리같이 큰 병으로 입원한 환자와 보호자에게도 나타날 수 있다고 했다. 맞았다. 우리 가족에게 엄마의 뇌출혈은 외상 후 장애를 남겼다. 반복되는 생활만큼 반복되는 힘듦의 말들을 묵묵히 들어주었던 나와 우리 가족의 지인분들에게 너무도 고마운 마음이다. 우리에겐 참으로 큰 버팀이 되었다. 병원에 찾아와 주었던 이들. 우리의 연락을 받아주었던 이들. 그리고 진짜 찾게 된 나의 사람들과 하느님을 만남에 감사했다. 그리고 우리 가족은 이제 마음이 조금 단단해졌다. 이제 겨우 조금일지라도 10년 만에 각자 자신의 자리에 잘 갖춰지게 되었다. 나는 시간이 조금 더 걸렸지만 이 글을 쓰면서 한걸음 많이 나아간 것 같다. 마음이 많이 편안해졌다.

마음의 재활은 어쩌면 내가 더 필요했을지도 모른다. 엄마가 쓰러진 뒤로 나는 예전의 나로 잘 살지 못했다. 엄마를 평생 책임지며 살겠다고 생각했던 나는, 아이를 낳고 키우며 엄마에게 소홀해지는 마음에 몹시 괴로웠다. 부딪히는 두 마음에 죄를 짓는 것 같았다. 나는 엄마를 제자리에 돌려놓기로 하고서야 그 마음을 내려놓았다. 이제 정상 궤도에 올라섰다. 엄마를 조금 서포트하며 살면 되는 삶을 살기로 정하고 나니 마음이 참으로 가볍다. 그 생각을 뭐 하러 그리 오래 했냐고 처음부터 잘못한 생각이라고 누군가 말해주었을지도 모른다. 하지만 나는 그땐 그 말이 안 들렸다. 그럴 수 없었다.

어쩌면 이 책은 엄마, 아빠에게 전하는 변명의 글일지 모른다. 이해와 용서를 구하는 책일지도 모른다. 그래서 용기를 내어 이 책을 낼 수 있을지 모르겠다.

엄마, 우리 병원에서 참 잘 지냈어. 그렇지? 집으로 가자고 했을 때, 내가 결혼한다고 했을 때, 혹시 서운했어? 내가 엄마를 포기한 건가? 우리 지금 참 좋잖아. 나만 좋은가? 지금처럼 우리 맛있는 거 먹으러 다니고, 날 좋아지면 좋은데 보러 가고 그러자. 난 지금 참 충분해. 엄마가 있어서 그거면 됐어. 사랑해 엄마.

사랑해 엄마

에필로그

엄마로부터

죄라면 부지런히 열심히 산 죄밖에……
그런데 나한테 왜 가혹한 형벌이……
하느님께 원망도 하고, 억울함을 하늘에 소리쳐도 보았다.

자기 생활 다 포기하고 엄마 간병 자처하며 대소변 치우고, 2년 동안 간병하며 한 번도 힘들다고 생각해 본 적 없다고 한 우리 딸 박청.

우리 딸은 하느님께서 내게 보내준 천사다.

남편 박인서 씨! 당신은 아픈 게 아니고 몸이 불편한 것뿐이라며 불편한 몸은 우리 가족이 도와주면 되는 거라며 위로하고, 가족애로 똘똘 뭉쳐 나를 지키고 도우며 갓 태어난 아기처럼 손과 발이 되어 불편 없이 보살펴 준 가족.

내가 살아 곁에 있는 것만으로도 감사하고 행복하다는 남편, 아들, 딸.

이만하면 나란 여자 가족을 위해 열심히 산 보상이 아닌가.

환자의 입장에서 보면 가족의 관심과 사랑이 환자의 병 치유와 자신의 처지 극복에 큰 힘이 될 성싶다.

인내심과 의지력이 없어 재활을 열심히 하지 못한 게 후회스럽다. 걷지 못한다는 것보다 걷지 못해 내가 직접 할 수 없는 것이 너무 많음에 슬펐다. 나를 위해서가 아니라, 우리 가족을 위해 내가 할 수 있는 게 없다는 것이 나를 너무 힘들게 했다.

이제 나는 우리 집의 브레인이다. 예전보다 더 좋아진 기억력으로 여전히 이 집의 국무총리 어디

쯤의 역할을 한다.

이번엔 우리 딸이 나를 작가 만들어 준다며 눈 빠지게 인생 2막 자서전을 집필 중이다. 할 수 있는 게 더 많아져 신난다.

유머와 화목함은 우울증의 최고 치료제이다. 우리 가족은 무엇이든 극복할 수 있다.

나를 교훈 삼아, 우리 가족의 몸과 마음이 건강하길 바란다.

고마웠어, 111병동

초판 발행 2024년 5월 30일

지은이 박윤진

펴낸곳 어느날

출판신고 제 2023-000042 호

이메일 ynjn7@naver.com

ISBN 979-11-987813-0-7

copyright ⓒ 박윤진, 2024

저작권법에 의해 보호를 받는 저작물이므로 무단전재와 복제를 금합니다.

잘못된 책은 구입하신 곳에서 교환해 드립니다.

책값은 뒤표지에 있습니다.